JN025590

私が出会った少年について

韓国の
少年事件裁判官が語る、
子どもたちとの歩み

チョン・ジョンホ [著]

斉藤豊治、鄭裕靜 [監訳]

菅野生実 [訳]

現代人文社

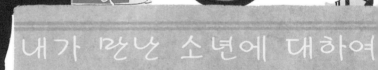

내가 만난 소년에 대하여

まえがき
私たちが気づけなかった少年について

　私は2010年2月から2018年2月までに、約1万2000人の少年に出会いました。教育現場で働く方々を除けば、これだけたくさんの青少年に出会った人は、おそらく私ぐらいでしょう。でも、私が彼らに出会った場所は、少年法廷でした。

　19歳未満の少年が非行を犯した場合、少年の品行や行動を矯正するために、少年保護処分審判（以下「少年審判」）が開かれます。少年審判が開かれる法廷を、少年保護法廷（以下「少年法廷」）と言います。少年法廷が開かれる日、子どもたちは護送車から降ろされ、腰縄でつながれ、手錠をしたまま待機室の片隅に設置された鉄柵の中に入れられます。

　金髪の少年、暴力団員のような刺青を入れた少年、不安な表情でしきりに爪を噛む子、うつむいたまま涙ぐむ子……狭

い鉄柵の中で、身を縮めながら立っている子どもたちを見つめるたびに、心が波打ちました。少年部判事の判決は、一人の少年の人生を左右することもあるため、法廷に入る前には、いつも気を引き締めて祈ります。少年たちに最も適した、公正さを失わない処分を下せますようにと。少年たちが私の処分を罪に対する報いではなく、人生をやり直す転機として受け取ってもらえるようにと。

　出生率低下の余波で、青少年の数は大きく減少しましたが、長年の経済不況と家庭の崩壊によって、家出青少年の数は減っておらず、暴力や傷害、ゆすりなどの学校暴力事件、そして、学校の外では窃盗や強盗、性暴力などの成人型犯罪を起こす青少年の割合が増えています。

　実際、近年発生している青少年犯罪は、非行とは到底呼べないほど、危険な水域に達しています。それ以上に深刻なのは、自分の過ちについて無知だったり、知っていても反省しなかったりする少年が増えていることです。そのため、人々は彼らに冷ややかな視線を送り、甘い処罰を非難して、処罰をより厳しくすべきだと主張します。しかし、これらはすべ

て、目に見える反社会性にだけ焦点を当てるだけであり、少年たちが罪を犯すに至った過程について、疑問を抱く人はそう多くありません。

　私は何度でも問いかけます。「犯罪少年[1]の罪は誰の罪ですか？」と。多くの場合、少年の非行は少年の罪ではなく、社会の罪です。少年審判を担当するなかで、誰も経験してはならない、ネグレクトや虐待を受けた大勢の子どもに出会いました。非行というレッテルを剥がせば、人生の不条理と暴力の前で、いかなる保護も受けられず、見捨てられた子どもたちの弱さがあらわになります。彼らの抱える問題の根本は何か、なぜこのようなことが繰り返されるのか、その背景と文脈を理解してくれる人がいなければなりません。

　多くの人が「非行少年」と白い目で見る子どもたちに出会ってから、私の人生の方向性はことごとく変わりました。私自身、人生を歩むなかで、幾度も貧しさと無関心に傷つき、挫折しましたが、そのたびに手を差し伸べてくれる人がいたからこそ、前に進むことができたのです。法廷の中でも外でも、まともな保護を受けられない子どもたちのために、せめて私

1　韓国では犯罪行為をした14歳以上19歳未満の少年。

が代弁者になろうという思いを抱くようになったのは、逃れられない宿命のようなものでした。

崖っぷちに追い詰められ、法の裁きを受けるほかにはどうするすべもない状況に置かれた少年たちですが、彼らはわずかな救いと励ましのひと言で、真新しい人生をつくっていきました。彼らに対する理解と共感の力がもたらす変化を、私は過去10年間、この目で見てきました。嫌悪と無関心を乗り越え、何の見返りも求めることなく救いの手を差し伸べ、時には私に代わって非難に耐え、存在感などなかった無名の田舎者判事の話に耳を傾け、ともに歩んでくれたたくさんの皆さんがいたからこそ、実現できました。

この本は私が書いた3冊の本、『いや、私たちが悪かった』（『아니야, 우리가 미안하다』우리학교）『この子たちにも父親が必要です』（『이 아이들에게도 아버지가 필요합니다』우리학교）『怒号判事チョン・ジョンホの弁明』（『호통판사 천종호의 변명』우리학교）の中で特に読者の共感を呼んだ文章を選び、青少年から大人まで、読みやすく文章を書き直し、あたたかな挿絵を加えて

特別版として出版したものです。この本にすべてを詰め込むことはできませんでしたが、私は今まで出会った子どもたちを生涯忘れません。そして、彼らとの出会いを通じ、心の中で葛藤してきた法と正義に対する問いについても、一緒に考えていただければ幸いです。

　どうかこの本が、今まで私たちが目を背け、気づけなかった少年について考えるきっかけになることを願ってやみません。今はもう少年審判を担当していませんが、少年たちに支援の手を差し伸べ、関心を持ち続けてくださるよう、お願いします。

　最初の本『いや、私たちが悪かった』を校正していた頃、私の背中におぶわれていた末娘ソンヨンも、この本を通じてお父さんの活動や、見向きもされない青少年たちの人生について、理解してくれることを願っています。

　最後に、この本で紹介した事例の子どもたちの名前が、すべて仮名であることをここに明記します。

日本語版への序文

　はじめまして。私はこの本の著者で、韓国で判事をしているチョン・ジョンホです。まず、『私が出会った少年について』が日本で翻訳、出版されることを心から嬉しく思います。出版のために尽力してくださった皆さんに感謝を申し上げます。

　私は歴史的に日本と深い関わりのある韓国の釜山で生まれ育ち、現在も釜山で暮らしています。そんな縁もあり、幼いころから日本には格別な関心がありました。2006年には京都大学の招聘学者として、京都で1年間を過ごしました。その後も年に一度ほどは旅行で日本に訪れています。

　2010年2月から2018年2月まで、私は少年部判事として

少年非行事件を担当しました。少年非行は、都市化と経済成長の陰ではびこる毒キノコのような存在だと思います。韓国は、日本よりも都市化と経済成長が遅く、それにより学校暴力をはじめとする少年非行問題も、日本よりも社会問題化が遅れました。とはいえ、日本と韓国の少年非行問題は時期が違っただけで、その本質は同じだと考えています。この点に関して、代表的な事例として挙げられるのが、1997年に日本で起きた「神戸連続児童殺傷事件」と2017年に韓国で起きた「仁川小学生誘拐殺人事件」です。その一方で、韓国と日本は社会的・文化的な違いもあるため、少年非行と非行少年の具体的な実情においては、異なる点も少なくありません。

　韓国では、非行の内容が重大な場合、「刑法」にしたがって「少年刑事事件」として処理され、そうでない場合は「少年法」にしたがい「少年保護事件」として処理されます。韓国の少年法は、日本の少年法を模範として制定されたため、日本の少年法と比較したとき、法の目的と少年非行事件の処理の仕方の面で類似点も多い反面、根本的な違いもあります。

私は８年間、少年保護事件のみを担当したので、少年部判事としての在職期間中、私が任された事件は相対的に非行の事案が重大ではない事件が大半でした。この本では、そうした事件のうち、非行少年たちの実情をよく示している事件を選んでまとめました。韓国では非行少年に対する偏見と嫌悪が深刻です。この本を書くことにした動機は、非行少年の実情をきちんと伝え、彼らに対する偏見と嫌悪を少しでも和らげるためです。以上の点を念頭に置いて、この本を読み進めていただければ幸いです。

　韓国は日本と違い、判事が長期間にわたり、特定の類型の事件を担当することはできず、周期的に担当が変わります。そのため、私は2018年2月に釜山家庭法院[2]を去ってから、現在まで家庭法院に復帰することなく、地方法院を転々としています。家庭法院に戻り、少年部判事の務めを継続したいとは思っていますが、なかなか状況が許してくれません。それでも、現在も変わらず非行少年の再非行の予防のためにできることをし、家庭法院に戻れる日を待ちわびており、読者

2　法院は、日本の裁判所に当たる。

の皆さんには、その点も忘れないでいただけたらありがたいです。

　日本語版への序文を書きながら、2014 年 8 月 1 日に「大阪弁護士会子どもの権利委員会」で行われた講演と懇談会のことを思い出していました。つたない日本語にもかかわらず、講演の場を与えてくださったこと、講演後の懇親会では少年非行に関する意見交換をし、講演の翌日に大阪府立修徳学院[3] を見学できるよう、取り計らってくださった弁護士会所属の弁護士の皆さんに、この場を借りて感謝を申し上げます。韓国と日本、両国の非行少年が、しばしの非行と縁を切り「健全に育成され」、自己を実現しながら、健康な社会の一員となれるように願っています。ありがとうございます。

2023 年 3 月 8 日
釜山より チョン・ジョンホ

3　大阪府立の児童自立支援施設の 1 つ。非行や家庭環境など、様々な理由で生活指導を必要とする子どもたちに対して、自立のための支援をする施設。

も く じ

【注について】
各文末の注は訳者によるものである。

호 통
（ホトン）

韓国語で「怒鳴ること」や「怒号」を意味する。本書では少年たちに率直な言葉で罪を認識させようとする、チョン判事の姿勢から付けられたあだ名として使われている。

少年がここにいる

　私が初めて少年審判と出会ったのは2010年、昌原地方法院に異動してからでした。それから丸8年、少年部判事として勤務しながら、数多くの子どもと少年法廷で出会いました。非行の種類は千差万別です。店でたばこを盗んで捕まったり、友達に暴力を振るって法廷に立ったり、インターネットで詐欺を働いて捕まったり、家出して「家出ファミリー[4]」との集団生活で妊娠し、法廷に立ったりします。どれも社会が禁じた一線を越える行為です。

　少年法廷に関心を持ったことのある人なら、極めて印象的なあだ名で呼ばれる判事として、私を記憶しているかもしれません。本名より「ホトン判事」というあだ名で知られているためです。最近の若者ふうに言えば、「あだ名の億万長者」です。「ホトン判事」のほかにも、（物事をはっきり言い、聞く

4　家出した青少年が起居をともにしながら家族のように生活すること。犯罪に巻き込まれる可能性が高いとも指摘されている。

人がスカッとすることから)「サイダー判事」、「チョン十号」「2
つの顔を持つ男」「万事少年」(常に頭が子どもでいっぱいだとい
う意味)など、ユニークなあだ名がたくさんあります。私が
一番気に入っているのは、「サイダー判事」です。

　サイダー判事は昌原地方法院の部長判事時代、SBS のド
キュメンタリー番組『学校の涙』に、私が審判を行った少年
法廷が紹介されたあとに付けられたあだ名です。当時、善処
を訴える加害者の生徒に対して、「だめだ！　変えない！」
と怒鳴りつける姿が放送され、その場面が人々に強い印象を
残したようです。放送後は、歯がゆく不条理な状況を描く際
に、その映像がパロディー化されました。「サイダー判事」
はその過程で付いたあだ名です。厳粛で権威的な法廷のイ
メージとは全く異なり、新鮮だったこともあるでしょう。で
も、人々が期待する法律や判事の姿も、サイダーのようにス
カッとする、怒号のようなものではないかとも思います。法
廷とは、人々の心にたまった膿を吐き出す場所でもあるから
です。

　ところが、私にサイダーのような怒鳴り声を期待する人々

ですら、なぜ私が法廷で怒鳴るのか、本当の理由までは知りません。実際、法廷ほど怒鳴り声が似つかわしくない場所もないでしょう。「静粛」という表示板を設置しなくとも、法廷は静粛を求める場所だからです。そのうえ、審判を取り仕切る判事の口から、怒鳴り声が発せられる光景は、見る者によっては不快感を覚えるかもしれません。ささいな言い間違いでも、「暴言判事」と非難されてしまうのが法廷という場所です。それにもかかわらず、判事である私が、厳かな法廷の空気をぶち壊してまで、子どもたちに怒鳴ることができたのは、少年法廷だったからです。少年法では「少年の健全な成長の支援を目的」としています。少年の品行の矯正と健全な成長のためにつくられた法であり、必要とあれば、怒鳴り声を浴びせてでも、自身の非行を見つめ直すことが望まれています。

　法廷にやってくる少年たちの状況は、芋が胸につかえたように、もどかしくてなりませんでした。最近になり、多少はましになりましたが、私が少年審判を担当し始めたころは、1日に100人近くの審判を行いました。こうした状況で、

1人の少年に与えられた時間は、たった3分ほどでした。3分でできることといえば、せいぜい名前を呼んで、「間違いないか？　もう二度とこんなことをしてはいけない」と言うくらいでした。ある人にこの話をしたところ、「3分といったら、カップ麺ができあがる時間でしょう？　今後は『カップ麺審判』と呼ばないといけませんね」と言われ、みんなで苦笑いを浮かべた記憶があります。このように、ごく短い時間しか許されていないため、子どもたちに少しでも自分の過ちの重大さを認知させ、その一方で、二度と法廷に立たないでほしいと願う父親のような気持ちで怒鳴ることを始めたのです。

　私が怒鳴る相手は、その多くが軽い犯罪で家に帰される少年です。少年院に送致する少年には、できるだけ怒号を浴びせません。すでに重い処罰を受けたのに、そこに怒号が加われば、心理的な負担を与えてしまうからです。その代わり、子どもたちには重い処罰によって、過ちに対する責任の重大さを認識させます。そうすることで、被害を受けた人の無念さを軽くすると同時に、過ちを犯した本人に、自分が与えた

被害の重さを遅ればせながら悟らせ、反省させます。そのため、時には子どもたちに憎まれたり、恨み言を言われたりもします。私は子どもたちの間では、「チョン十号」というあだ名で通っているそうです。少年院で2年間を過ごさせるため、最も重い10号処分[5]を下すという意味で、私の名前の真ん中の字の「宗^{ジョン}」を「十^{シプ}」という数字に置き換えたものです。子どもたちの恨みがこもったあだ名です。

　ところが、少年院に送られるほど重大な罪を犯した少年だけが、少年法廷に立つわけではありません。親と学校の保護が行き届かず、街を徘徊して非行の世界に足を踏み入れた結果、捕まって少年審判を受ける少年のほうが、はるかに多いのです。つまり、私が怒鳴るのは、このような子どもたちに少しでも変わってほしいと願う、私なりの方法であり、切なる訴えなのです。

　私が少年審判を担当した少年のなかには、少年院での生活を無事に終えたり、委託機関で過ごして家に戻ったりしたあとも、しばしば連絡をくれる子もいました。つらくて死にそうなのに、頼れる人がいないと、突然泣きながら電話をかけ

<hr>

5　10種類ある少年保護処分の1つで、最も重い2年以内の少年院送致処分（229頁表2参照）。

てくる子。親が離婚訴訟を準備しているが、どうすればいい
のかと尋ねる子。オートバイで交通事故に遭ったと助けを求
めてくる子などです。少年たちが判事の私に躊躇なく連絡し
てくるのは、少なくとも今は非行を犯していないことを意味
するので、迷惑などころか、むしろ喜ばしくて感謝の気持ち
すら湧きます。

　ある夏、ウンミから電話がかかってきました。
　「今、どこだ？」
　「釜山ですけど……私……今帰ったら少年院に送ります
か？」
　電話をかけてきたウンミは17歳で、４月に他人名義の
チェックカード[6]をつくり、支払いをしなかったために審判
を受けました。中学２年生の時、献血で判明した血液型が、
自分の親からは生まれないものだと知り、両親が実の親では
ないと思って、とっさに家を飛び出し、経験してはならない
ことを数多く経験した少女でした。２年間の保護観察を条件
に、イレセンター[7]に委託されたウンミは、どうにか真面目

6　韓国で広く使われている、使った時点で自分の口座から引き落とされるカード。日本のデ
ビットカードにあたる。
7　正式名称は「イレ青少年回復センター」。

に生活していました。ところが、ほかの子どもたちと意気投合し、網戸を破って無断で脱走しました。それから、数日もたたずに私に連絡してきたのです。

「今すぐ判事室に来るなら、もう一度だけチャンスをあげるから、早く来なさい」

「分かりました。でも……あの……判事さん」

「今度は何だ？」

「私……昌原[8] までの交通費がありません」

思わず怒鳴りつけたい心情でしたが、感情を押し殺し、冷静に話し続けるしかありませんでした。ウンミが昌原に来られず、そのまま釜山にとどまれば、永遠にその世界から引き離せないことは目に見えていたからです。

「交通費の心配はしないで、今すぐタクシーに乗って法院に来なさい。着いたら電話するんだよ」

帰ってきたウンミの顔はやつれており、眠れていないようでした。もしや彼女の身に何かあったのではないかと、心配になりました。

「そんな顔をして、ゆうべは何をしていたんだ？」

8　釜山－昌原間は直線距離で約36km。

するとウンミは淡々と答えました。

「遊んでいました」

　私はそれ以上、問い詰めませんでした。今後のことについて手短に話したあと、一緒に昼食をとって執務室に戻ってきました。私は仕事があったので、ウンミをソファーに座らせました。机で仕事をしていると、睡魔に襲われたのか、ウンミが何度もあくびをするのが見えました。

「疲れているなら、少し眠ったほうがいい」

「ここで寝てもいいですか？」

「いいよ。私のことは気にせず、ゆっくりしなさい」

　そう言うと、ウンミはすぐに寝つき、しまいには首を傾けてスースーと寝息を立てながら眠ってしまいました。

　罪を犯していない人でも、判事を前にすると、なぜか心がこわばってしまうものです。ましてや罪を犯した子どもたちにとって、自分の保護処分変更権を持つ少年部判事は、この世で最も恐ろしい存在に違いありません。それゆえ、暴れていた少年も判事を前にすると、おとなしくなります。あれほど恐れていた判事の執務室で、深い眠りにつくウンミを見て、

脱走後の生活が十分すぎるほど想像できました。私は彼女が
ゆっくり眠れるように、音楽の音量を下げ、机に向かって残
りの仕事を片づけました。それからしばらくたって、主任事
務官がノックせずにそっとドアを開けて中を見回すと、驚い
た表情でドアを静かに閉めて出ていきました。午後遅くにウ
ンミを預かってくれる人から連絡が来たので、眠っているウ
ンミを揺り起こし、送り出しました。ウンミが出ていったあ
と、主任が入ってきました。

「昼休みが終わってオフィスに戻ったら、執務室のドアの
隙間から、ソファーにもたれて眠っている子どもの姿が見え
ました。判事はまだ不在で、子どもが１人で寝ていると思っ
たんです。なんて失礼なんだと思いながらも、一方で同情心
も湧きました。でも、いくらたっても判事がいらっしゃらな
いので、やはりおかしいと思ってドアを少し開けて中をのぞ
いたんです。すると机に向かって仕事をする判事が目に入り、
とても驚きました」

主任は無謀にも厳しい世の中に飛び込んだあどけない少女
が、判事室ですっかり心を許し、規則正しい寝息を立てて眠

る姿に、胸が詰まる思いだったそうです。

「泣きそうになりました。だから静かにドアを閉めたんです。思わず、時間よ、ゆっくり進んでくれと願っていました」

　非行少年には心の拠り所も、落ち着いて休める場所もない場合がほとんどです。過ちを犯したとはいえ、心の傷を癒やし、心身を休められる場所があれば、きっと彼らは変われるはずです。ところが、不幸なことに、我々の社会において非行少年が置かれた環境は、想像を絶するほど劣悪です。病気の治療を受けられないために、少年院への送致を求める子もいれば、空腹に耐えきれず、商店でお菓子を盗んで法廷に立つ子も大勢います。

　全員に当てはまるわけではありませんが、おおざっぱに言うと、非行を犯したとき、保護者や家族に関心を向けてもらえる少年は、周囲の助けを借りて被害者に被害弁償をしたり、許してもらったりして、警察の取り調べ段階では厳重注意等の措置になり、検察段階では起訴猶予処分になる可能性が高いです。ところが、そうでない少年たちは、少年法廷に送致

される可能性が相対的に高いのです。このことは少年法廷に立つ少年が、経済的な困難を抱えている確率が高い理由でもあります。

　もちろん、貧しさや親のいない少年であっても、全員が非行を犯すわけではありません。しかし、そうした少年には、どんなかたちであれ、面倒を見てくれる大人がそばにいるのでしょう。非行少年の周囲には似たような境遇の子どもが大勢います。守ってくれる大人がおらず、行動をともにできる仲間も少ない状態で、子どもが真っすぐ成長するのは、ファンタジー小説のような話かもしれません。子どもはリトマス試験紙のような存在です。まだ自分で自分を守る力のない子どもには、周辺環境の影響が絶対です。ところが、子どもが置かれた環境への理解や配慮を欠き、親がいないという理由で、また厄介者だという理由で、多くの子どもたちが公然と見放されている現実を目の当たりにするのは心苦しいことです。

　その後、ウンミは特に非行に走ることなく、真面目に生活

しました。ときどき忘れかけたころに電話をくれます。先日も元気にしているという連絡をもらいました。安心できる場所を見つけられず、夜道をさまようウンミのような子どもたちが、いつか自分だけの小さな安らぎの場所を見つけられることを願いながら、夏目漱石の小説『草枕』の一節をそっと思い浮かべます。

　　山路を登りながら、こう考えた。
　　智に働けば角が立つ。情に掉させば流される。意地を通せば窮屈だ。とかくに人の世は住みにくい。
　　住みにくさが高じると、安い所へ引き越したくなる。どこへ越しても住みにくいと悟った時、詩が生れて、画が出来る[9]。

9　『夏目漱石全集 3』筑摩書房（ちくま文庫）、1987 年。

幼きジャン・ヴァルジャンのための弁明

　人は犯罪を嫌悪します。「誰でも過ちを犯す」という言葉には同意しながらも、犯罪者に対しては、厳格な物差しを持っている人が多いでしょう。犯罪少年に向けられたまなざしも同じです。そのためか、初期の非行少年たちの歯がゆい実情を知ってもらい、処遇改善のために、たくさんの人に会ってきましたが、そのなかで一番耳にしたのが、「非行少年は厳罰に処さなければならない」という言葉でした。

　非行少年や犯罪少年の処罰を重くすべきだという世論は、昨日今日に始まったことではありません。少年犯罪事件が明るみに出るたびに、必ずと言っていいほど登場する話題です。昨年、tvN の『ユ・クイズ ON THE BLOCK』という番組に出演しました。そこで国民的な司会者として知られる、ユ・ジェソクさんにも同じ質問をされました。少年法の処罰規定

が軽すぎやしないかというのです。犯罪少年をより厳重に処罰しなければならないという、国民世論を意識した質問だったのでしょう。その質問に対して、私の答えはいつもと大きく違いませんでした。

　「事案によっては厳罰も必要です。私もまた重大な非行を犯した少年に対しては、少年法で定められた処分のうち、最も重い処分を下しました。そのせいで、少年たちの恨みを買ったこともあります。問題はそのあとです。処罰したうえで、二度と非行を犯さないよう、国と社会が注意を払うべきです。青少年は生きてきた年月より、生きていく年月のほうが長いですし、非行少年も我々の社会の一員だからです。厳罰に処したうえで、きちんと処罰を受けたあとは、社会の一員として生きていけるように手助けするのが国の責務であり、社会全体の健全なと発展のためになる選択ではありませんか？」

　罪を犯せば、罰を受けるのは当然です。犯罪少年も例外ではありません。ですが、厳罰を求める前に、知っておくべきことがあります。少年犯罪事件全体のなかで、学校暴力、殺人、性暴力などの重大な犯罪事件が占める割合は思いのほか

高くありません。こうした事件よりは、生きるために罪を犯す、いわゆる「生計型」犯罪のほうがはるかに多いです。

　私が少年法廷で出会ったなかでも、生きるために非行を犯し、法廷に立った少年のほうが圧倒的に多かったです。少年犯罪のうち、最大の比重を占めるのは物を盗む「窃盗」ですが、なかにはスーパーでお菓子を万引きした罪で法廷に立った少年もいました。これは犯罪と呼ぶのも忍びないレベルです。もちろん大小にかかわらず、他人の物を盗むのはいけないことですが、普通の家庭で育った子どもなら、この程度で法廷に送致されることは、ほとんどありません。親が子どもを連れて謝罪に行き、物を返したり弁償したりすれば片がつくでしょう。しかし、面倒を見てくれる大人のいない子どもたちは、この程度の軽い非行でも法廷に立たされる場合があります。現代版「ジャン・ヴァルジャン」とでも言えるでしょう。

　17歳のヨンウはアルバイトをしていたインターネットカフェで、お金を盗んだという理由で少年審判を受けました。

ヨンウは父と継母、腹違いのきょうだいと暮らしていました
が、両親との関係は良好とは言えず、実母とは音信不通の状
態でした。ところが、処分を下す前にセンターで相談調査[10]
を受けていたヨンウは、相談員のお金を盗んで逃走し、審判
にも出席しませんでした。さらにオートバイを盗み、無免許
運転で逮捕されて法廷に立つことになりました。私はうつむ
くヨンウに尋ねました。

「なぜ家出を繰り返すんだ？」

「独り立ちするためです」

「なぜ独り立ちしたいんだ？」

ヨンウは答えませんでした。

「盗みを働くことが独り立ちなのか？」

「……ごめんなさい」

「家に帰りたいか？」

「はい。いつまでも、このままではいけないと思うし……」

「家に帰したら、また家出するんじゃないか？」

「いいえ、絶対に家出もしないし、問題も起こしません」

　一朝一夕にして関係が回復するのは難しいですが、その後

10　「少年法」第12条により少年部判事が依頼し、実施する非行診断の一環としての少年へ
の相談および調査を指す。

のことは家族の努力次第だと考え、ヨンウに保護観察を条件に、親元に帰す処分を下しました。ところが、ヨンウの母親は私に話があると法廷に入ってきて、「ヨンウを引き取ることは絶対にできません。少年院に送ってください」と言ったのです。

　「お母さん、すでに判決は下されました。お子さんを連れてお帰りください。お母さんが望むから少年院に送り、望まないから送らないというものではありません。法律とは親の意向によって左右されるものではないのです」

　母親は私が堅固な態度をとると、それ以上は何も言わず、法廷から出ていきましたが、「私はこの子を引き取れません。この子を護送車に乗せて、少年院に連れていってください」と大声で騒ぎたてました。私は戸惑いを隠せませんでした。それまでの過ちを広い心で包み込み、「今までつらかったわね。さあ、早く家に帰りましょう」と喜んで迎えてあげたなら、どんなによかったでしょうか。ヨンウは反省して涙を流しましたが、それはまだヨンウの意志に過ぎません。その意志の芽が無事に育つように支えるのが、大人の役割です。そ

れなのに、その芽は世に出る前に無残にも踏み潰されてしまいました。心配したとおり、ヨンウは処分のあとも再び家出をして捕まり、1年余りで法廷に戻ってきました。今度の審判には父親の姿も見えたので、息子の善処を訴えるのではないかと内心では期待しましたが、その期待はすぐに裏切られました。

「ヨンウ、どうして約束を破って、また家出をしたんだ？」

「前回の審判を終えて家に帰ったら、両親が腹を立てて『なぜ帰ってきたんだ。少年院に行けばよかったのに』と言ったんです。だから、頭にきて言い返しました。カッとなって、父に少年院に行くから送ってくれと言ったら、本当に僕を車に乗せて昌原地方法院の前で降ろして帰ってしまいました。それから家出生活が始まったんです」

結局、ヨンウは審判を受け、少年院に送られることになりました。

法が下す判決は、霜柱のように冷たいと言われます。個人の事情を推し量らず、罪の重さに従って公平に審判するから

です。しかし、法にも涙はあります。法が緩くてもいいとか、人情に引っ張られて誤った判断を下せという意味ではなく、法本来の目的である正義に照らし合わせて、判断する場合もあるという意味です。もしも皆さんが裁判官なら、空腹に耐えられず、お菓子を盗んだ子にどんな処分を下しますか。お菓子1袋ぐらいなら、よく言い聞かせて帰らせますか。では、お菓子を盗むのが初めてではなかったらどうでしょうか。このような場合、法では加重処罰の対象になり、罪が重くなります。ジャン・ヴァルジャンが、お腹をすかせる幼い甥っ子たちのために、1つのパンを盗み、19年という長い牢獄暮らしを送ったのも、いくつかの理由で加重処罰が適用されたためです。

　原則に従い、公正な処分が下されたとしても、それがあまりにも非人間的な仕打ちだと感じられれば、私たちは法に疑問を抱きます。ジャン・ヴァルジャンは1つのパンを盗んだ罪で19年間も社会と隔離され、囚人として生きねばなりませんでした。それが法にかなった手順によるものだとしても、いくら根が善良な人でも、社会に対する恨みが残るはずです。

そんなジャン・ヴァルジャンを新たな道に導いたのは、ある神父の慈悲でした。もし、その神父もジャン・ヴァルジャンに嫌悪のまなざしを向け、断罪しようとしていたら、かの有名なマドレーヌ市長は誕生しなかったでしょう。

　ジャン・ヴァルジャンを新たな道に案内した神父の深い慈悲心のように、非行少年にも、新しい人生の機会を与える制度的な支援が必要です。さもなければ、与えられた選択肢が少ない非行少年は、生きていくためにも再非行の沼にはまり、その結果、社会には犯罪者が増えてしまいます。実際に、保護処分を下された非行少年の再犯率は非常に高く、その数は増えつつあります。近頃の統計によると、保護観察処分を受けた青少年の90％が、1年以内に再犯するそうです。深層面談[11]を行った結果、その原因は「非行少年」または「犯罪者」という社会のレッテルだということが明らかになりました。

　一般に、山火事は初期対応にかかっていると言います。初期に発見し、火種が広がらないよう措置を講じれば、大火災への拡大を防げるからです。非行少年への対応も同じです。人は生きていれば、誰しも失敗や過ちを犯すものです。で

11　犯罪少年の調査において、臨床心理学資格保有者などの専門家が参加し、犯罪少年の意識や態度について、心理学的な観点から犯罪原因や再犯の危険要因を分析すること。

も、一度の失敗や過ちすら容認せず、早々に社会のレッテルを貼ってしまえば、余計に間違った道に陥りやすくなります。人が変わるためには、未来への希望が不可欠なのに、すでに「犯罪者」というレッテルが貼られた状態では、希望を抱くことすら困難です。でも裏を返せば、適切な教育によって非行の問題点を教え、子どもが反省できるよう周囲が共感と支援を送れば、失敗を足掛かりに成長することもできます。

　あの日、法廷でヨンウは素直に処分を受け入れました。処分を下しながら、彼が少年院で学校を卒業し、技術を学んで社会に出て、立派な社会人になれるよう願いました。行き場をなくしていた傷ついた心、涙が染みついた子どもたちの心を、誰かが励ましてやらねばなりません。彼らにも、過ちを犯したとき、両手を広げて抱き締めてくれる存在が必要です。これが非行少年たちとのつながりを絶やさず、いつでも子どもたちの味方でいたい理由です。

１人の子が、あなたを
一生懸命に愛しています

　少年審判に携わるなかで深く実感したのは、韓国社会の家庭崩壊の問題が予想を上回って深刻だということです。非行を犯し、法廷にやってきた少年たちは、母子家庭、父子家庭、祖母、祖父、兄弟姉妹、あるいは親戚の家に居候しているなど、ひとり親家庭の子どもが多いのです。また、一見すると普通の家族形態でも、親との関係が円満でない場合がほとんどです。親への反抗心を持つ非行少年は多く、特に父親の暴力に、強い憎しみを持つ少年は少なくありません。逆に、子どもを厄介に思う親もいます。法廷でビンタをする父親をにらみつけ、「もっと、たたけばいいだろ」と叫ぶ少年もいました。

　ドロドロの愛憎ドラマのような場面もありますが、それでも少年法廷は、散り散りになった家族が集まる場所です。仕

事の都合で別の地域に住んでいた親が、子どもを心配して駆けつけたり、離婚して別々に暮らしていた父親や母親が、子どもの審判の知らせを聞いて法廷に飛んできたりします。夫の妨害や離婚後、夫を恐れて子どもたちに会えなかった母親が、子どもを心配して出席することもあります。少年たちは、法廷で長い間会えなかった父親、母親に再会すると、嬉しいやら憎いやら、いろんな感情が込み上げて戸惑ってしまいます。

　根本原因は何であれ、ひとたび親や家族に心配をかけ、社会を騒がせたのは少年自身です。だからこそ、いつも少年たちには親や家族にひざまずかせ、「お母さん、お父さん、ごめんなさい。二度とあんなことはしません」や「お母さん、お父さん、愛しています」と10回ずつ言わせました。声が小さいとき、形式的だと感じたときは、「心を込めてもう一度、10回言いなさい」と怒鳴りつけます。このとき、生まれて初めて親に「愛しています」と言った子も少なくありません。

　反復効果は想像以上です。周囲を漂っていた言葉が、少年の心の中に入っていくのが分かります。言われるがまま、1

回、2回と叫ぶうちに、胸から何かが込み上げてきて少年は涙を流し、それを聞いていた親の心を泣かせます。親と少年をひざまずかせ、「私が悪かった。許してくれ」と、10回ずつ言わせることもありました。その後、少年と親を抱き合わせると、多くの親子がきつく抱き合い、わっと泣き出します。法廷の壁が割れんばかりに、大声で泣きわめく家族もいます。そうして涙で共鳴しながら、関係回復のスタート地点に立つのです。

　16歳のソンジュは、自分の悪口を広めたという理由で同級生に暴力を振るい、友達と店から化粧品を盗んで摘発され、法廷に立ちました。この事件以外には、少年保護処分を受けた前歴はありませんでした。ところが、保護観察所は暴力性が強い点とその他の事情から鑑みて、9号処分が妥当だという意見を送ってきました。9号処分は6か月間、少年院で生活するもので、10種類ある少年保護処分のうち、2年間を少年院で過ごす10号処分に次いで重い処分です。単純暴行と窃盗だけのソンジュの非行に対し、9号処分を下すべきだ

という意見は一般的ではなかったため、保護観察所が提出した決定前調査書[12] を、もう一度じっくりと読んでみました。そこには、次のような内容が書かれていました。

　　ソンジュには弟が1人いますが、幼いころに食中毒で死亡しました。息子の死にショックを受けたソンジュの父親は、息子の死は妻のせいだと考え、妻とソンジュに暴力を振るい始め、悲しみを紛らわすために酒に頼るうちに、アルコール依存症を患うまでになりました。

　ソンジュの父親の酒癖と暴力は、当時も続いていました。ソンジュは弟の死によるショックと、父親の暴力に対する反抗心のため、小学生のころから道をそれ、飲酒や喫煙、外泊などの逸脱行動を始めたそうです。若くして妊娠し、中絶した過去もありました。この事件もまた、一連の迷いのなかで発生したものだったので、ソンジュが非行を犯した最大の原因は、父親の暴力による家庭問題にあると思われました。長期にわたって暴力にさらされるうちに、彼女自身も暴力性を

12　少年事件検事が少年被疑事件を処理する際に、保護観察所の長、少年分類審査院長、少年院長または青少年非行予防センター長に対し、少年の品行・経歴・生活環境・要保護性等に関する調査を要請し、その結果を基に最も適した処分を下せるようにする少年法上の手続き。

持ったものと推測されたので、今の環境から引き離すのも悪くないと考え、事件に関する記録の検討を終えました。

　ソンジュの審理が開かれました。法廷にはソンジュと彼女の母親が出席しました。ソンジュの再非行を防ぐために、最も急がれるのは家族や父親との関係回復だと考えていただけに、父親の欠席は残念でした。そこで、ソンジュに反省の機会を与える一方で、どんな処分がふさわしいか改めて検討するために、少年分類審査院[13]に臨時委託する決定を下しました。そのあと、ソンジュの母親に、２週間後の審判は必ず夫と一緒に出席するようお願いしました。

　ところが、次の審判当日もソンジュの父親は法廷に出席しませんでした。彼に頼み事があったので落胆しましたが、これ以上は審判を先送りにできない状況だったので、処分を下すことにしました。先に提出された保護観察所の意見とは異なり、少年分類審査院の審査報告書には、ソンジュを親元に帰してもよいと書かれていました。一般刑事事件における国選弁護人[14]に当たる、国選補助人[15]も同様の意見を示したので、ソンジュにきちんと忠告し、保護観察を条件に、両親

13　日本の少年鑑別所に当たり、1995 年に少年鑑別所から改称された。様々な専門的知識や技術により、対象者の資質分類審査を行う。
14　刑事訴訟法のもと、裁判所が選任する弁護人。
15　少年が少年分類審査院に委託される際、付添人がいない場合は法院が弁護士等、適当な者を付添人に選定しなければならない。また、少年分類審査院に委託されない場合でも、障がいが疑われたり、貧困等の事由で付添人を選任できない場合に選定できる。

に保護を依頼する処分を下しました。

　ところが、それから間もなくしてソンジュと法廷で再会しました。十数回に及ぶ常習的な窃盗で、審判を受けることになったのです。数か月後、再びソンジュに対する審理が開かれました。依然としてソンジュと母親だけが法廷に出席し、父親の姿はありませんでした。ソンジュの父親が欠席の状態で、ソンジュに対する処分を下すのは、彼女にとっても家族にとっても何の助けにもならないと思い、父親を召喚するために期日を３週間後に延期し、やむなくソンジュを再び少年分類審査院に臨時委託しました。そして、ソンジュの母親に、次の期日には必ず夫とともに出席するよう念押ししました。

　３週間後、ソンジュに対する審理が開かれました。両親とともに法廷に入ってきたソンジュを見て安心しました。同時に、長らく頑なだった父親がようやく法廷に足を運んでくれて、ありがたかったです。国選補助人の意見を聞いたあと、ソンジュの父親に言いました。

　「お父さん、傷ついたのはあなただけではありません。娘さんと奥さんも傷ついています。奥さんは息子の死に対する

自責の念、娘の非行、心の折れたお父さんの姿を見て、うつ病を患っています。娘さんも弟の死とお父さんの暴力で行き場を失い、さまよっています。娘さんと奥さんは、あなたが立ち直ることを切に願っています」

　それからソンジュの父親に、あるドラマの挿入歌だった『その男』という曲の歌詞を「その子」に言い換えて読み上げさせました。読み上げる間、その子がソンジュであると気付いてくれることを願いながら。

　　一人の子があなたを愛しています
　　その子は一生懸命に愛しています
　　毎日影のようにあなたの後を追いながら
　　その子は笑いながら泣いています
　　あとどれだけ　どれだけ　あなたを
　　こうして見つめながら
　　ひとり　この風のような愛を
　　この惨めな愛を続ければ
　　あなたが私を愛してくれるのか

その子は内気な性格です
だから笑うすべを覚えました
仲のいい友達にも話せないことが多い
その子の心は傷だらけ
だからその子はあなたを
あなたを愛したそうです
同じだから
また同じことを繰り返すばかな人
一度だけ抱き締めてくれませんか
私は愛されたい
毎日心の中で胸の中で
叫びながらその子は今日も
彼のそばにいるのです

　ソンジュの父親は歌詞を読み進めるうちに、娘の気持ちが
理解できたのか、むせび泣き始めました。すると、隣で聞い
ていたソンジュと母親も一緒に泣きだしたのです。朗読が終
わったあと、ソンジュに両親に向かってひざまずかせ、「お

父さん、お母さん、愛しています。もう二度としません」と
10回繰り返させました。

　ソンジュは法廷の床にひざまずき、涙ながらに「お父さん、
お母さん、愛しています。もう二度としません」と何度も叫
びました。それを見守っていたソンジュの両親も、頭を垂れ
てすすり泣いていました。

　ソンジュが言い終わると、父親にもひざまずいて「お母さ
ん、ソンジュ、お父さんが悪かった。許してくれ」と10回
言わせました。すると、父親はソンジュに向かって崩れるよ
うにひざを落とし、小さな声で涙ぐみながら、「お母さん、
ソンジュ、お父さんが悪かった。許してくれ」と繰り返しま
した。

　父親は息子の死で心に傷を負い、感情をコントロールでき
ずにいましたが、生まれつき暴力的な人には見えませんでし
た。父親の言葉を立って聞いていた母親も床に座り込み、娘
と夫を抱き締めて泣き始めました。ソンジュの家族は、しば
らくそうして固く抱き合いながら泣き続け、法廷にいたほか
の人たちも、ソンジュ一家とともに涙を流しました。さほど

長い時間ではありませんでしたが、その泣き声が、その場にいた全員に共鳴した感動的な瞬間だったに違いありません。

　ソンジュ一家が抱き合いながら涙を流す姿を見て、関係回復の小さな芽が顔を出したようで、ようやく安心しました。保護観察所はソンジュの少年院送致を提案しましたが、そんなことをすれば、今まさに回復し始めた家族関係をゆがめかねず、それによってソンジュが立ち直る機会を失うかもしれないと判断し、保護観察を条件に両親のもとに帰しました。その後、ソンジュは今まで保護処分に違反したり、再非行したりせず、きちんと生活していると聞いています。ソンジュの家族が苦労してつかんだ関係回復の糸口を手放さず、無事に乗り越えられるよう願っています。

盗みたい誘惑に駆られたら、
この財布を思い出して

「いいですか、これからの人生にとって、何かすばらしい思い出、それも特に子供のころ、親の家にいるころに作られたすばらしい思い出以上に、尊く、力強く、健康で、ためになるものは何一つないのです。君たちは教育に関していろいろ話してもらうでしょうが、少年時代から大切に保たれた、何かそういう美しい神聖な思い出こそ、おそらく、最良の教育にほかならないのです。そういう思い出をたくさん集めて人生を作りあげるなら、その人はその後一生、救われるでしょう」[16]

　ドストエフスキーは自身の小説『カラマーゾフの兄弟』で、子ども時代の幸せな思い出の持つ力について、このように語っています。あえて大文豪の言葉を借りなくとも、子ども

16　『カラマーゾフの兄弟（下）』原卓也訳、新潮社（新潮文庫）、1978年。

時代、家族とのすばらしい思い出が生きていく力になること
を、否定する人はいないでしょう。父親が母親に内緒でくれ
たお小遣い、母親が入浴後に塗ってくれたローションのいい
香り、初めての家族旅行など、ささやかながらも忘れられな
い記憶は、魂の化石のように、心の奥深くで私たちを善の道
に導きます。ところが、世の中には、そんなありふれた記憶
すらない人たちもいるのです。親を早くに亡くした子、親が
健在でも守ってもらえず、街なかをさまよう子どもが大勢い
ます。

　18歳のグムヒと15歳のウンヒは3歳違いの姉妹で、コン
ビニでお金を盗もうとして、少年審判を受けることになりま
した。それまで何度も盗みを働いた前歴がありましたが、刑
事事件として立件されたのは今回が初めてでした。姉妹は小
学校に入学する前に、母親と別れました。姉のグムヒが7歳
のときに両親が離婚し、間もなく再婚した母親が縁を切りた
がったそうです。父親は男手一つで2人の娘を育てていまし
たが、グムヒが13歳になるころ、道端で凍死しました。

父親が亡くなったあと、行き場を失った姉妹は、叔母の家、伯母の家、施設などを転々とし、事件当時は特定の居場所がなく、サウナやモーテル[17]などを渡り歩きながら暮らしていました。周囲からきちんとしたケアや道徳的な教育を受けられないまま、のけ者として生きていた姉妹は、空腹のときや必要な物があったときは、他人の持ち物を盗むことで欲求を解消しました。やがて盗癖は習慣になり、罪の意識が全くありませんでした。

　グムヒとウンヒ姉妹に対する審理が開かれました。伯母が保護者として法廷に出席しましたが、問題の多い姪たちのせいで苦労したのか、ひどく疲れた様子でした。ずっと姉妹を引き取って暮らしていたわけではありませんが、それでも姪たちが非行を犯すたびに、伯母が後始末をしていました。伯母は繰り返される非行に、お手上げ状態のようでした。

　「判事さん、あの子たちの盗癖のせいで、もううんざりなんです。親のいないあの子たちは気の毒ですが、うちも生活が苦しくて引き取れません」

　「それでは、どうしてほしいですか？」

17　市中にある比較的安価な宿泊施設だが、いわゆるラブホテルのような面もある。

「いっそ、少年院に入れてください」

　自分の子なら、躊躇なくそんな言葉が出てくるだろうか、とも思いましたが、すっかりやつれた伯母の顔を見ると、何も言えませんでした。自分の子を育てるだけでも生活が苦しいのに、ひどい盗癖のある姪たちの面倒まで見ていたら、伯母の家庭もめちゃくちゃになります。それだけでなく、義理の家族や夫の顔色をうかがい、気苦労が絶えないようでした。

　「伯母さんの立場も十分理解できますが、この子たちをむやみに少年院に入れるのは、最善策ではありません。何が2人の将来のためになるのか、もう少し考える必要があります。伯母さんも、おつらいでしょうが、もう一度だけ考え直してください」

　それだけ伝えて、次回の審理を20数日後に延期しました。その間に姉妹が十分に反省し、変わることを願いながら、少年分類審査院に臨時委託しました。そして数日後、仕事のついでに、釜山少年院に立ち寄り、グムヒとウンヒと面会しました。「五倫情報産業学校[18]」という名称の釜山少年院は、釜山区の山裾にあります。表向きは普通の学校に見えますが、

18　1947年に釜山少年院として開院し、1994年に五倫職業専門学校に名称を変更。その後、2000年に五倫情報産業学校に改称された。

すべての窓に設置されている太い鉄格子が、一般的な学校とは違うことを物語っています。

　少年たちが過ごす少年分類審査院は、釜山少年院の中にあります。少年分類審査院は処分が決まるまでの間、一時的に生活する場所です。いわば拘置所のような所です。グムヒとウンヒは規則に縛られた、そこでの生活が窮屈なのか、早く出たがっているようでした。それに自分たちの処分を心配するばかりで、非行に関しては、とても真面目に反省しているように見えませんでした。残念でなりませんでしたが、幼いころからほったらかしにされて育った子どもたちに、たった数日間で変わることを期待するのは、大人のエゴだと自分に言い聞かせ、少年院を後にしました。

　それからしばらくして、グムヒとウンヒに対する審理の期日が決まりました。子どもたちを取り巻く状況を、改めて振り返りながら悩みました。非行少年のなかには、常習的に窃盗を繰り返す少年が最も多いのですが、その主な原因は経済的な困窮です。特に、家出をした青少年の場合は、その日を生き延びるためにお金が必要なので、経済的な問題が解決し

ないかぎり、非行から距離を置くことは不可能です。グムヒとウンヒも似たような状況でした。親戚たちも家計が苦しく、姉妹を助けてやれる状況にはなかったので、このまま帰したら、生きていくために再非行をするに違いありませんでした。そのうえ、少女は家出をすると、寝食の費用を稼ぐために援助交際をする場合が多く、ますます心配でした。どこにも手を差し伸べてくれる人がいない状況で、2人がそうしたことに巻き込まれないという保証もなかったので、どんな処分を下すべきか悩みました。

　このままなら、少年院に送致するほうがましかもしれないとも思いましたが、それも容易ではありませんでした。非行の程度によって、適切な処分を下さねばなりませんが、2人の非行は少年院に送致するほどではなかったのです。もちろん、なかには自発的に少年院を選んで、学業を終えたり、技術を学んだりして、自立のための基盤を築く少年もいます。非行が起きやすい環境から隔離された場所なので、本人にやる気さえあれば、いい機会になりえます。しかし、それは意志の固い少年の場合で、この姉妹は状況が異なりました。ま

かり間違えば、知らなかった非行の手口を少年院で身につけ、一層深刻な犯罪に手を染めるおそれもあるため、面倒を見られる人がいないからといって、非行の程度が軽い少年を少年院に送るのは危険な選択です。

　長く迷った末に、やはり少年院に送致するよりは、社会に戻したほうがよいと決定しました。ですが、処分に関する決定を下したあとも、姉妹の状況が気がかりでなりませんでした。困難な状況にあるとはいえ、法廷に立った以上は、小さな気づきでも得て帰ってほしかったので、あれこれアイデアを考えましたが、満足のいくものは浮かびませんでした。

　これといった方法が思いつかないまま、頭の中で何度も案をボツにしているうちに、審理期日がきてしまいました。納得のいく方法ではなかったものの、このまま帰すわけにはいかないと思って、頭に浮かんでは消えたひらめきのなかから1つを選びました。何とか盗癖を治してほしくて、姉妹にお金の入った財布をプレゼントすることにしたのです。審理開始前に、2つの財布に同じ額のお金を入れ、それを携えて法廷に入りました。折よく姉妹の事件を担当していた国選補助

人から、河東の僧侶が２人の面倒を見てくれるという話を聞き、安堵を覚えました。

　グムヒとウンヒに２年間の保護観察を条件に、河東の僧侶の保護を受ける処分[19] を下しました。それから、２人のために用意した財布を渡しながら、こう言いました。

　「グムヒ、ウンヒ、これからは困ったことがあっても、絶対に人の物に手を出してはいけない。もし盗みたい誘惑に駆られたら、この財布を思い出してくれ。財布が空になったら、私に連絡をくれれば、お金を入れてあげる。それから、二度とこの法廷に来てはいけないよ」

　突然、財布を渡された２人は、状況が理解できないような表情で、しばらく私をぼんやり眺めていました。慣れない状況に少し不安げなまなざしでした。その瞳に映った複雑な感情の正体はよく分かりませんが、親から、社会から、優しさを向けられずに育った姉妹が、世間に捨てられたという絶望で自暴自棄にならないよう願ってやみませんでした。

　ところが、残念ながらその願いはかないませんでした。グムヒとウンヒは僧侶の細やかなケアにもかかわらず、男友達

19　保護処分の一種。少年部判事は審理の結果、保護処分の必要があると認められた場合、保護者に委託、寺院・教会、その他少年保護団体に監護を依頼、病院、その他療養施設への委託や矯正施設、少年院送致などの処分を決定する。

に誘われて指定された居場所から抜け出し、間もなく再び法廷に立ちました。最終的に、グムヒは2年間を少年院で過ごす10号処分を受け、妹のウンヒはもう一度許可を得て社会に戻したものの、連絡が途絶えました。当時、風の噂では、ウンヒのそばには、彼女を保護するという名目で一緒に暮らす男性がいるということでした。まだ15歳を過ぎたばかりの少女に悪事を働くかもしれないと思うと、歯がゆさを禁じ得ませんでした。いっそのこと、姉のグムヒと同じく10号処分を下していたら、という後悔の念まで湧いてきました。そうしていれば、姉とともに過ごせただろうにと。その後も姉妹のことを考えると、心が穏やかではありませんでした。

　それから3年ほどがたち、2人の近況を聞くことができました。グムヒは少年院を出院後、少年院で取得した技術を生かして懸命に暮らしており、ウンヒは早くに結婚し、子どもを産んで母親になったそうです。疾風怒濤の時期は過ぎたと言えるでしょう。その後は2人に関する話を聞いていませんが、おそらく今は非行から立ち直り、立派な社会の一員として誠実に生きていることでしょう。

これはグムヒとウンヒに限った話ではありません。誰からも手を差し伸べられず、早くに道を外れた子どもたち、何の保護も受けられず、幼くして残酷な現実の前に放り出された子どもたちを思うと、胸が詰まったように苦しくなります。ほんの少しでも力を合わせれば、多くの子どもたちを救い出せると考えるからです。

　しかし、人々は力を合わせるより、分散させ、線引きしたがります。よい子と悪い子、問題児と模範生、（様々な危険にさらされて保護が必要な）危機に立つ青少年と一般の青少年など、あまりにも区別しすぎています。ともすれば、こうした区別は現実の桎梏を一度も経験したことのない人々の頭の中から出てきたのかもしれません。一度でも現実の桎梏を経験した人ならば、その両者の境界がいかに薄く、もろいか知っているはずです。

　グムヒとウンヒのように、非行少年の大多数は自分たちの力では手に負えない、厳しい現実の桎梏のなかで、やむを得ず悪い選択を迫られています。だからこそ、法廷で少年たちの境遇を理解し、彼らの秘められた可能性を見いだしてあげ

ることは、過酷な冬の寒さをとかす、一筋の春の気配にも似ています。

　私がそばで見てきた非行少年のなかには、人生をやり直すために努力する少年がたくさんいます。風で飛ばされる木の葉のように、どこにも根を張れず、さまよっていた子どもたちが、小さな救いの手によって居場所を見つけ、徐々に変化していく姿を見守る喜びは格別です。純粋な喜びは、悲しみの底から、ゆっくりと歩いてくるものだと、気付かされる瞬間です。その子たちの大きな一歩が、グムヒとウンヒのように挫かれぬよう、融通の利かない不条理な現実を前に絶望しないよう、地面にしっかりと根を下ろせることを切に願います。

父親の心、裁判官の良心

　裁判官が身に着ける服を法服と言います。見た目はどうか分かりませんが、着心地の悪さといったらありません。夏は暑く、冬は寒く、動きやすいわけでもありません。何よりも、法服は自分の所有物ではなく、国から貸与されます。もし管理を怠って問題になれば買い直しますが、どこでも簡単に手に入る服ではないので困ったことになります。それでもあえて窮屈な服を身に着けるのはなぜでしょうか。

　法服を着るのは、「裁判官としての役目を忘れてはならない」という意味によるのです。裁判官も人間なので、法を執行するにあたり、個人の主観を完全に排除することはできません。万が一ではあるものの一線を越え、公平な法の精神に背くような判決を下す可能性もあります。そんなことがあってはならないので、裁判官としての義務を忘れず、厳正に法

を執行せよという意味が込められています。しかし、時には裁判官の良心に従い、公正な判決を下すことが、人としての苦しみを生むこともあります。

　秋の暮れにしては寒かった11月中旬のことです。ちょうど前日に少年審判を受けたギョンジンが、父親とともに判事室を訪ねてきました。17歳のギョンジンは、出産を1か月後に控えた臨月の妊婦でした。身重の体をおして訪ねてきた彼女に、おいしいものをごちそうするという前日の約束を果たすため、裁判所からほど近い焼き肉店に連れていきました。そして、少年保護処分を下されたギョンジンと彼女の父親、ギョンジンに保護処分を下した少年部判事の3人がぎこちなく向かい合って座り、食事を始めたのです。

　ギョンジンと出会ったのは、その年の夏のことでした。彼女は中学校を退学し、その年の3月に家出をしたあと、3人の友人と常習的に窃盗を繰り返し、少年審判を受けることになりました。審判に出席しないまま、窃盗を続けるうちに逮捕され、7月に勾留質問[20]が行われることになりました。

20　拘束令状のための実質審査（拘束前被疑者審問）。身体拘束を行うにあたり、被疑者に弁解や利益となる事実を陳述する機会を与えること。

身体の自由を制限する身体拘束は、未成年者の心身や将来に悪影響を与える懸念があるため、少年法ではやむを得ない事情が認められないかぎり、拘束令状[21]の請求を棄却することになっています。ところが、ギョンジンとその友人たちの場合は、非行の回数と内容が重大だったことに加え、審判にも出席しなかったため、特別な措置をとらなければなりませんでした。そこで拘束令状の請求を棄却するけれども、既存の少年事件を根拠として、4人全員を少年分類審査院に臨時委託する決定を下しました。

　ところが、少年分類審査院に委託されたあと、身体検査を受けたギョンジンに、妊娠17週目という診断が下されました。すると、彼女は知らない男から性暴力を受けて妊娠したから、中絶手術を受けるために家に帰してくれと言って聞きませんでした。ギョンジンの言葉を鵜呑みにした彼女の父親は、裁判所に嘆願書を提出して善処を訴え、少年分類審査院からも、なるべく速やかに措置を講じるよう要請されました。

　過去数年間、少年審判を担当しながら、妊娠の経験がある少女を少なからず見てきたので、その知らせを聞いても驚き

21　勾留状。検事が被疑者や被告人を勾留するために判事の許可を求める書面。韓国の少年法55条は拘束令状の制限、64条は勾留を定めている。

ませんでした。当時、少女たちの間では、妊娠すれば非行を犯しても少年院に送られないという噂が広まっていました。実際に、それが目的でわざと妊娠する少女もいたほどです。少年院は妊娠した少女の面倒を専門的に見る人材を確保する余力がないという事情もあり、特別な場合を除いては、そのまま帰すほかなかったため、私も同様の処分を下すしかありませんでした。

　しかし、非行を犯した少女の多くは出産よりも中絶を選びました。たとえ出産しても赤ん坊を自分で育てようとせず、養子に出す場合が大半を占めることを知っていたため、処分を下しながらも釈然としませんでした。ただ、それまではあからさまに中絶の意思を示す少女はいなかったので、良心の呵責はさほどありませんでした。しかし、今度はギョンジンが中絶を公言したため、それ以前の少女たちとは事情が違いました。

　それだけでなく、直感的にギョンジンが嘘をついていると思いました。ギョンジンが性暴力を受けたとして作成した事件の陳述書の内容が、わざとらしかったからです。ですが、

私の考えが間違っている可能性もありました。万が一、ギョンジンの言葉が真実ならば、彼女を保護するためにも、速やかに措置を講じなければならなかったので、急ぎ国選補助人を選定し、彼女の話が真実かどうか調査するよう依頼しました。

　国選補助人は、ギョンジンに何度も会って説得した末に、ようやく真実を聞き出すことができました。ギョンジンの妊娠は性暴力が原因ではなく、共犯として審判を受けることになった少年との性行為によるものでした。彼女の話が嘘だと分かり、関係者全員が大きなショックを受けました。国選補助人も、最終的にギョンジンから真実を聞き出すまでは、判事である私の考えが間違いではないかと思っていたと告白したので、その衝撃は計り知れません。少年分類審査院の職員たちも、性暴力を受けた当時の状況をギョンジンから何度も聞きましたが、話に一貫性があったため、彼女の言葉が嘘だとは想像もできなかったそうです。

　ところが、問題はそこからでした。ギョンジンにどんな処分を下すかによって、彼女の人生と、お腹の子の命が左右さ

れるからです。ギョンジンは、すでに中絶の意思を示していたため、妊娠している点を重大視して彼女を親元に帰したら、胎児がどうなるかは火を見るより明らかでした。おまけに、ギョンジンは母子保健法[22]が許容する人工妊娠中絶事由に該当しなかったため、家に帰すことは、違法な中絶を黙認するも同然でした。これは裁判官として、到底できませんでした。

　でも、胎児の命を救うために、ギョンジンに2年間の少年院送致という10号処分を下したら、未成年者である彼女が望まない、祝福されない子どもを出産することになります。これは彼女の残りの人生を過酷なものにすることでもありました。もし私がギョンジンの父親だったら、たった17歳の娘を未婚の母にするような処分を、素直に受け入れられるか確信が持てませんでした。父親の心と裁判官の良心の間で葛藤するうちに、審理期日が迫ってきました。

　8月のある日、ギョンジンと共犯の友人たちに対する審理が開かれました。まず、共犯者については、あまり悩むことなく、それぞれの非行程度によって、少年院に6か月間収容

22　母性及び乳幼児の生命と健康を保護し、健全な子女の出産と養育をはかる目的で、国民保健の向上に寄与するために1973年に制定され、何度かの改定を経ている。2023年時点の現行法は、2015年12月に改正された法律である。

する９号処分、または２年間収容する10号処分を下しました。彼らもすでに自分たちの処分を予想していたのか、特に不満は漏らしませんでした。そして、ギョンジンの番がやってきました。彼女の非行程度も共犯者たちと同じく、10号処分でも不十分なくらいでした。胎児のことがなければ、共犯者たちと同じ10号処分を下していたはずです。しかし、10号処分を下せば、ギョンジンが少年院で妊婦として生活し、出産しなければならないことが一番の気がかりでした。だからといって、むやみに処分を軽減することもできません。処分の軽減は、ほかの共犯者たちとの衡平に反するうえに、尊い胎児の命を奪うことにつながるためです。思い悩んだ末に、ギョンジンに10号処分を下しました。公正な審判を行わなければならない裁判官の良心に加え、すでに芽生えた大切な命を守るべきだと判断したからです。ギョンジンは、聞かれたことに正直に答えたので、家に帰してもらえると思い込んでいたのか、10号処分と聞いた瞬間に泣き出しました。残念な思いと哀れみが湧き上がりましたが、どうすることもできませんでした。法廷から出て行ったギョンジンは、「正

直に話したのに、どうして少年院送りなんですか！」と激しく抗議しながら、周囲に聞こえるよう私への暴言を吐き散らしたそうです。処分が不服だったギョンジンは、抗告（一般の事件における控訴に該当）を申し立てましたが、棄却されました。

　裁判官の良心に従って下した決定だったとはいえ、法廷でわっと泣き出したギョンジンの姿が、目に焼き付いて離れませんでした。それから、ギョンジンのことを思い出すたびに、胸がざわつき眠れませんでした。将来生まれてくる子どもの命は救いましたが、これから花開くもう一人の人生を台なしにしてしまったのではないか、そんな思いが頭から離れなかったからです。

　ところが、それから間もなくして、ギョンジンの弟スワンが非行を犯して少年審判を受けることになりました。ずっと気がかりだったこともあり、審判に出席したギョンジンの父親に近況を尋ねると、次第に安定を取り戻して元気に暮らしているそうです。その言葉を聞き、多少は心が軽くなりました。

そんな11月の頭に、ギョンジンが生活していた安養少年^アニャン院[23]から連絡が来ました。ギョンジンの出産予定日が迫っているため、出産に備えて保護処分の変更をしてほしいという連絡でした。その電話を受けるなり、しばらく凪いでいた心が再び波打ち始めました。ギョンジンがどんな姿で現れるか気がかりでもあり、法廷で私を恨んで泣きはしないか心配でした。

　数日後、法廷でギョンジンと再会しました。お腹は一段と膨らみ、臨月の妊婦らしく、ふっくらしていました。幸いなことに、ギョンジンは前回の審判の時とは違い、表情が多少明るく見えましたが、その日のうちに処分を変更して家に帰すよりも、もう少し彼女に自分と向き合う時間を与えるべきだと考えました。そこで、既存の10号処分を取り消す一方で、新たな処分は保留にしたまま、まずは1週間、釜山少年分類審査院に臨時委託する処分を下しました。

　それから1週間後、再びギョンジンの審判が開かれました。寒さに震える身重のギョンジンがいたたまれず、すでに法廷

23　1946年にソウル少年院の安養分院として開院。1964年に女子保護少年の収容を開始し、2019年3月に貞心女子中高等学校に改称。

にいたほかの少年とその家族の了解を得て、順序を入れ替えてギョンジンの審判を行いました。

「ギョンジン、私が憎いかい？」

「初めはそうでしたけど、今は憎んでません」

「嘘をつくんじゃない。私の悪口を言いふらしてるのは知ってるよ」

私の言葉に、ギョンジンはばつが悪そうにもじもじしました。

「私の気持ちが分かるか？　君のことが心配で、今でも眠れないことがある」

ギョンジンは何も言いませんでした。

国選補助人が、少年分類審査院にいる間にギョンジンがお腹の子どもに向けた手紙を提出したので、彼女自身に読んでもらいました。

「赤ちゃん……こんにちは……あなたのママよ……ふっ」

手紙を朗読していたギョンジンは、最初の1行を読むのもままならず、泣き崩れてしまいました。涙はなかなか止まりませんでした。そうして、涙ながらにやっとのことで手紙を

朗読し終えたギョンジンが落ち着くまで待ち、泣き声が収まってから尋ねました。

「赤ちゃんはどうするんだ？」

「養子に出します」

予想はしていたので、ほかに言うことはありませんでした。その代わり、用意しておいた産着を差し出しながら、言葉をかけました。

「これは産着といって、生まれた子に最初に着せる服だ。私を憎みたければ、それでも構わない。でも、その気持ちがお腹の子に影響してはいけない。出産するまでは、憎しみはひとまず胸にしまって、穏やかな気持ちで胎教に励みなさい。子どもの幸せを願うならば、きちんと向き合わないといけないよ。子どもに何かあったら、純粋な心で引き取るご家族の人生はどうなる？　子どもの人生はどうなる？　子どもに何かあったら、君も心穏やかではいられないはずだ。今まで審判を担当しながら、何回もそういう場面を見てきた。今からでも、きちんと子どもと向き合って、子どもとその子を引き取るご家族みんなが、幸せになれるように考えなさい。いい

ね。それから、暇ができたら私を訪ねておくれ。ごちそうするよ」

　その後、ギョンジンに2年間の保護観察を条件に、保護者に委託する処分を下しました。ギョンジンは、初めて見る産着にきょとんとしていましたが、私が差し出した紙袋を受け取ると、笑みを浮かべて法廷を後にしました。裁判官の良心に従った決定でしたが、父親の心で申し訳なく思って用意した小さな贈り物だったので、嬉しそうに受け取ってくれて幸いでした。そして、翌日もう一度訪ねてきたギョンジンと彼女の父親と食事をすることにしました。

　17歳の未婚の母として、出産して間もなく子どもを養子に出すギョンジンと、そんな娘が恨めしいと思いながらも、いたたまれず、サンチュで肉を包み、そっと娘の口に運んであげる父親、彼らにとっては過酷ともいえる判決を下した判事。何となく不自然で、不釣り合いな風景でしたが、しばらく言葉を交わすうちに、最初のぎこちなくて重々しかった雰囲気は次第に和らいでいきました。ギョンジンは食事の間じゅう、何度もこぼれる涙を手で拭っていました。彼女も、

彼女の父親も、私を強く憎んでいるようには見えませんでした。手紙に書かれていたように、お腹の子が成長するにつれて命の大切さを自覚し、母親としての心持ちが芽生えたようでした。

　食事を終え、みんなで判事室に戻ったあと、私は「ロデムの家[24]」に連絡し、出産までギョンジンの支援をお願いしました。ロデムの家は快く支援を引き受けてくれ、判事室までギョンジンを迎えに来てくれました。挨拶をして判事室を出ていくギョンジンを見送りながら、明るくなった彼女に安堵しました。その一方で、間もなく子どもとの別れを経験しなければならない彼女を思うと、胸が痛かったです。おそらくギョンジンの審判は、裁判官の生活を通じて最も記憶に残る審判になることでしょう。

24　慶尚南道昌原市に位置する、カトリック馬山教区が運営する社会福祉機関。カトリックの精神に基づき、家庭や社会の保護を受けられない10代の少女たちの支援を行っている。

いや、悪いのは私たちのほうだ

　少年法廷で出会う少年たちのなかには、ひときわ大人びた子どもが多いです。非行少年が大人びているなんて、ちぐはぐなようですが、彼らへの先入観を取り払えば、「非行少年」というレッテルの裏に隠された悲しみや、か弱い心が見えてきます。同世代の子どもより早熟に見えるのも、世間の荒波にもまれて、人より早く大人になってしまったからで、胸が締めつけられます。ヘスもそんな１人でした。

　16歳のヘスは両親がいるにもかかわらず、小学６年生の弟とともに、数年間、児童養護施設で暮らしたことがありました。船乗りの父親は、航海に出るたびに月払いの借間を引き払い、仕事を終えて帰港すると部屋を借りるという放浪生活を繰り返していました。17歳でヘスを産んだ母親は、ヘ

スが中学 2 年生のときに家を出てから、居場所すら分からないまま、別々に暮らしていました。

　親の保護を受けられず、不安定な生活を送っていたヘスは、中学 2 年生のとき、学校を辞めて非行の道に入りました。そして、住む所のない似たような境遇の子どもたちとつるみ、行き当たりばったりの生活を送る間に、ヘスの体はボロボロになりました。飲酒と喫煙に依存し、性暴力を受けたこともあったので、健康とは程遠い状態でした。そのころのショックが原因か、ヘスはたばこの火を体に押しつけたり、刃物で傷つけたりする自傷行為を繰り返し、自殺しようと屋上から身を投げたこともあったそうです。

　そんな状況で、ヘスは弟や友人たちと共謀した窃盗罪など、十数件の非行で少年保護処分を受けました。ところが、保護処分の遵守事項[25] を守らなかったため、改めて処分を決めるために少年分類審査院に委託され、そこで自分が深刻な性病にかかっている事実を知りました。処分の変更がヘスにとってはむしろ幸運だったのです。

　ヘスに対する保護処分変更の申請に関する審理が開かれま

25　保護観察中の少年が生活するうえで遵守しなければならない事項。すべての保護観察対象者が遵守しなければならない一般遵守事項と、個々の保護観察対象者の状況などに応じて定められる特別遵守事項がある。

した。国選補助人がヘスに関する意見を伝えました。

　親愛なる裁判長、ヘスの母親は若くしてヘスを出産しました。ヘスは学校を辞めてまで自分を生むことを選んでくれた母親に、謝罪と感謝の言葉を強く伝えたがっています。ヘスは家庭の事情で弟と孤児院で暮らしたことがあります。そこでヘスはたくさんの傷を負いました。逃げだしたくて、小さい子どもなのに死にたくて、人が怖くて嫌いだったそうです。それでも弟のために、３年間我慢するほど、弟に深い愛情を持っています。

　裁判長、弟はヘスにとって父親や恋人のような存在でした。それなのに、弟は小学６年生にもかかわらず、たばこを吸い、お酒を飲み、オートバイに乗り、ほかの子たちに暴力を振るったそうです。ヘスは弟が自分と一緒にいたせいで、たばこやオートバイを覚えたのではないかと心を痛めています。親のいない弟の親代わりになってやれなかった自分を責め、弟が自分のようにならないか深く心配しています。

親愛なる裁判長、ヘスはまだ若いのに、病気までもらってしまいました。手術を受けなければならないと聞いて、目の前が真っ暗になり、幾度となく泣いたそうです。両親、愛する弟だけでなく、裁判長に対しても申し訳ないと言っています。毎日、自責の念を感じ、自分を不幸だと思い、自分は生まれてきてはいけなかったと繰り返し考えています。

　裁判長、ヘスの今の願いは、4人家族が一緒に食卓を囲むことだそうです。こんなささやかな願いを拒むことはできません。ですから、ヘスが再び希望を胸に生きていけるよう、どうか善処をお願いします。

　国選補助人の弁論内容からは、幼いヘスには抱えきれないほど、つらく苦しい人生の仕打ちが読み取れました。ヘスに尋ねました。

「ヘス、体調はどうだい？」

「判事さん、本当にごめんなさい。体調は最悪です」

「お母さんとは連絡がついたか？」

「いいえ、一度も来てくれませんでした。忙しくて来られないんでしょうけど、私は見放されたのかもしれません」

会話を聞いていた国選補助人が言いました。

「裁判長、ヘスが両親に伝えたい言葉を手紙に書いてきたそうです」

そこで、ヘスに手紙を読み上げるよう言いました。感情が込み上げてきたのか、ヘスは泣きそうな声で手紙を読み進めました。その姿を見守っていた国選補助人や傍聴人たちも、あふれる涙を止められませんでした。

　　大好きな母さん。

　　母さん、元気？　私は明るいから、どこでもすぐになじめるでしょ？　だから心配しないで。

　　母さんに言いたいことがあるの。自分の体を大事にできなかった私が悪いから、少し言いづらいけど、母さんに罵られようとも絶対に言わなきゃいけない気がする。同じ女性として、理解してくれると信じて言うね。母さん、私、性病にかかったの。母さんが何を言うか想像で

きる。でも、母さんよりも私のほうが悲しいしつらいんだよ。母さん、私、手術を受けるんだって。すごく怖くて苦しい。大ばか野郎だって罵られてもいい。でも治療を受けてから叱ってほしい。毎日、嫌なことばかり。母さん、こんなことになったのは私がふらふらしていたせいだけど、どうか許して。母さん、本当にごめんなさい。母さん、ごめん、愛してる。

　父さんへ
　父さん、元気？　父さんのことが大好きなヘスだよ。
　父さんは仕事で大変だよね。食事もままならないし、寝る暇もない父さんを見るたびに、顔には出さなかったけど、心の中でたくさん泣いてた。小さいころは父さんが怖かった。父さんと笑いながら話すのが苦手だったし、母さんに暴力を振るうから、父さんより母さんと一緒に暮らしたかった。怒りに任せて、「離婚しろ」なんて言ってごめんなさい。あのとき、娘にそんなことを言われて、きっと父さんも傷ついただろうから、言い訳のしようが

ないと思ってる。いざ自分の身に悪いことが起きて、目の前が真っ暗になった。父さんには、ダメなところばかり見せたよね。父さん、7月10日に会ったら、ごちそうするね。父さんと2人きりでごはんが食べたい。父さん、生まれてから一度も言えなかった言葉、愛してる。それからありがとう。

　手紙を読み終えたヘスは、泣きながら言いました。
「判事さん、ごめんなさい」
　ヘスが私に宛てた手紙にも「ごめんなさい」という言葉が何度も出てきました。繰り返し謝罪の言葉を聞くと、気の毒を通り越して、いたたまれない気持ちになりました。
（どうしてそんなに謝るんだ。無責任な両親のもとに生まれたのは君のせいではないのに……夢にあふれた少女の願いが、家族全員で食事をすることだなんて、そんなささやかな願いすら聞き入れられない両親を恨むすべも知らない、か弱い君の心の何が悪いのか。謝るべきは君ではなく、むしろ大人の私たちだ。私たちが謝らなければならない。君がひとり

さまよっているとき、あたたかい言葉をかけなかった大人が、幼い君が死にたくなるほど苦しんでいるとき、手を差し伸べなかった大人が、君にとっていい環境をつくってあげられなかった大人が……）

　私はすべての大人に代わり謝罪する気持ちで、声を震わせながらヘスに言いました。

　「いや、ヘス。悪いのは私たちのほうだ」

　この言葉に法廷がざわつき始めました。法廷にいた人たちは、判事が非行少年、きつい言い方をすれば犯罪少年に対して謝罪の言葉を口にしたことが、聞き間違いなのか真実なのか確かめるように、顔を見合わせながら驚きの表情を浮かべていました。

　そんな反応には目もくれず、ヘスに２年間の保護観察を条件に、父親に保護を依頼する処分を下しました。そして、すすり泣きながら法廷を後にするヘスの後ろ姿を見つめながら、心の中で祈りました。

（ヘス、早く病気が治りますように）

判事さん、この恩は絶対に返しません

　非行少年は社会の透明人間です。確かに存在しているのに、誰からも関心を向けられません。彼らが存在感を放つのは、事件が起きたときに限られます。普段はその存在を気にも留めないのに、衝撃的な事件が発生すると、世間の厳しいまなざしが、すべての非行少年に注がれます。そのまなざしには好意など一切存在しません。彼らが事件を起こす前に、どんな人生を送ってきたのか、将来どんな人生を送ることになるのか、考える人はほとんどいないのです。

　どうして20歳にも満たない少年たちが、こうも残酷な犯罪に手を染めるのでしょうか。彼らがこのような行動に至る理由は、日々、生きるのに必死で、何も教わらなかったためです。共感は人間関係のなかで学ぶものです。四六時中、生活に追われる親のもとで孤独に育った子どもは、自分の言動

が相手にどう受け取られるのか、どんな結果をもたらすかわかっていません。虐待されながら成長した子どもには、相手を思いやる品性を養う機会すらありません。学校は、家庭で身につけた社会性、対人能力を広げ、実践していく場所ですが、家庭で何も教わらなかったら、学校生活を円滑に送れるはずがないのです。

　　母はアルコール依存症だった。下の姉は残した給食を持ち帰って母に食べさせ、母が酒に酔って道で倒れていると連れて帰ってきた。両親は毎日ケンカばかりで、妹は養子に出された。父は母が嫌いだから、ゲーム依存症の人みたいにインターネットカフェに入り浸ってた。小学3年生のとき、僕は我慢できなくなって、自殺を図った。

　これは暴行罪で審判を受けることになった、少年の調査報告書に書かれていた内容です。少年とその家族の暮らしぶりが端的に記録されていましたが、この簡略な報告書だけでも、

いかに少年が耐え難い人生を送ってきたのか、十分すぎるほど読み取れました。以前、昌寧で実母と継父の虐待から逃れようとして、ヴィラ（5階建て以下の集合住宅）4階のベランダの柵を伝い、隣家を通って脱出した素足の小学生の少女のように、親の虐待と家庭不和から逃げ出すように家を出て、居場所をなくした青少年は、毎年20万〜30万人に達します。そのうち30％は青少年シェルター[26]などの関連機関に保護されますが、70％は街に放置されています。街に追いやられた少年たちは、生き残るために危険な道を選ばざるを得ません。

　学校からも追い出され、社会からもはじき出された少年たちに残っているのは、似たような境遇の同世代の子どもたちだけです。です。彼らは自分たちで集団をつくり、そのつながりにしがみつこうと必死です。ところが、彼らが関わりを持つのは自分と似たような少年ばかりです。口調や行動は非常に暴力的ですが、そうして結びついた彼らの関係はさらに暴力的です。少年たちは、たった1人の仲間を奪われないためには暴力もいとわず、仲間に幻滅されないように援助交際

26　家出した青少年が家庭・学校・社会に復帰し生活できるよう、一定期間保護し、相談・住居・学業・自立などを支援する開放施設（青少年福祉支援法第31条第1項）。

も拒みません。一般的な見方をすれば理解しがたいですが、せめて非行少年の集団からは、そっぽを向かれたくないという切迫感と寂しさが生んだ行動です。

　青少年の非行が家庭環境と深く関わっていることは周知の事実です。それでも、少年審判を受ける「保護少年[27]」は「保護」というには忍びないほど、どこからも十分な保護を受けられていません。放置と虐待が起きた家に帰すわけにもいかず、国家が提供する施設や社会が差し伸べるサポートも、全く足りていないからです。解決策は1つ。彼らに家庭をつくってあげることです。具体的なアイデアを思いついたのは、釜山地方法院家庭支院（現釜山家庭法院）に勤務していたころです。当時、同室で少年事件を担当していたクォン・ヨンムン判事が少年事件の記録を読み、驚いて次のような事件の内容を聞かせてくれました。

　　　ある少女が慶尚南道の沿岸地域にある、俗称「チケット喫茶[28]」で働いていたが、我慢の限界に達して、当時、非行少年たちの母代わりとして噂になっていたチョ・

27　少年法第32条第7項から第10項の規定に従い、家庭法院少年部または地方法院少年部により委託や送致された少年（保護少年等の処遇に関する法律第1条の2）。
28　当初は喫茶店で働く女性がコーヒー等を運び、客が飲む間に話し相手になるサービスだったが、次第に追加料金を受け取って性的な接客サービスが行われるようになった。

チュンジャ委員に電話をかけ、みずからの救助を要請した。チョ委員は日ごろ交流のあった若者たちと、ワゴン車で釜山の少女が働いている場所に向かった。同行した若者は客を装ってチケット喫茶に電話をかけ、少女をモーテルに呼び出した。少女がモーテルに来るなり、彼らは映画のワンシーンのように監視役たちをまいて、少女を救出し、釜山に連れ帰った。

　危険を顧みず、1人の少女を救い出した話に、私は衝撃を受けました。これをきっかけに、クォン判事とともにチョ委員に会いました。彼女は30数年間、委託保護委員[29]として活動するなかで、親を亡くし、飢えに苦しむ数人の少年を家に招いて、食事と寝る場所を提供し、学校や職場を紹介していました。そんな庇護のもとで非行の道を抜け出せた少年たちは、立派な社会人として暮らしていました。私は、そこで「共同生活家庭」すなわちグループホームに希望を見いだしました。
　それから数年後の2010年2月、昌原地方法院に赴任後、

29　保護者に代わり、少年の監護を委託された人を指す。精神科医師、心理学者、社会事業家、青少年回復支援施設の従事者のうち、施設長の資格基準を満たす人物等。

「司法型グループホーム（青少年回復センター）」の必要性を人々に周知させるため、志のある人たちを説得して回りました。国と社会が動こうとしなかったため歯がゆさはありましたが、事情を知っているのに、見て見ぬふりはできませんでした。大勢のサポートと献身のおかげで、ついに 2010 年 11 月、昌原に最初のグループホームを開くことができました。あのころの心情といったら、何とも言い表せません。ぽつんとつるにぶらさがったキュウリのように孤独な少年たちの、心の拠り所であり、支えになってくれる場所ができて、本当に心強かったです。その後、青少年回復センターが次々に開所しました。70％に達していた少年たちの再犯率は、青少年回復センターでの生活を始めてから 20 〜 30％台に下がりました。

　実の子ではない子ども、それも非行少年の世話は、並大抵の覚悟ではできません。誰かの見守りと支えが一番必要なとき、その誰かから捨てられ、心を病み、歪んでしまった少年たちを真っ当な大人にするのは険しい道のりです。センターの運営者たちは、たびたび問題を起こす少年たちに接しなが

ら、１日に何十回も胸が押し潰されるそうです。そのため、休日にセンターの運営者から電話が来ると、話を聞くより先に、「あ！　また子どもたちが問題を起こしたのか」という考えが浮かびます。訴えかけるような声で「判事さん……」と苦しげに話を切り出す運営者の声に、私はわざと声を張り上げて、「一体誰ですか？　誰が言うことを聞きませんか？　本人に代わってください」とあえて先手を打ちます。代わって受話器を受け取った少年に、「何をしているんだ！」と一喝したあと、「センター長の言うことを聞かないと、少年院行きだと思いなさい！」と声を荒らげるのです。そうして、ひとしきりまくしたてると、のどは痛いですし、判事としての体面などあったものではありません。それでも尽力してくれる方々に対して、私にはそれくらいしかできないので、ためらうことなく電話を取ります。

　「判事さん、このままだと寿命が縮まります」
　ヨルリン・センター[30]長の電話に出た私は、またも胸がドキッとしました。今度は誰かが大変なことをしでかしたので

<hr />

30　釜山広域市江西区にある、初期段階の非行をした青少年を保護するための「青少年回復センター」の一つである「ヨルリン青少年センター」のことである。

はないかと思ったからです。案の定、ヒョンジュンがまたもやセンターを抜け出したという連絡でした。18歳のヒョンジュンは、左目が失明しており、右目の視力もほとんどありませんでした。ヒョンジュンは、離婚した母親と暮らし、幼いころから障がいのことでいじめられてきており心に深い傷を負っていました。それが原因なのか、窃盗罪で立件された前歴だけで9件に上ります。ヒョンジンは過去に起訴猶予処分を4度受けながらも盗癖がなおらず、窃盗を繰り返していました。非行の内容と再非行の可能性を考慮すれば、少年院に入所させるべきでしたが、障がいのため団体生活が困難なヒョンジンのことを思うと、処分がためらわれました。

　ちょうど苦心していたときに、ヨルリン・センターのある先生が、ヒョンジュンを見つけたと、嬉しそうに連絡してきました。

　「判事さん、ヒョンジュンは子どものころ、私が運営していた宣教院[31]に通っていたことがあります」

　ヒョンジュンもその先生に気づきましたが、先生は彼の境遇に胸を痛めながら、自分に指導を任せてくれないかと提案

31　キリスト教会や修道院の付属施設で幼稚園のような役割を持つ。

してくれました。私は感謝の気持ちであふれ、ヒョンジュンにきつく言い聞かせてから、社会奉仕活動と保護観察を条件に、ヨルリン・センターに保護を依頼する処分を下しました。ところが、格別の関心と手厚い指導を受けたにもかかわらず、その後もヒョンジュンは何度もセンターを抜け出し、その先生の心を煩わせ、私の胸をざわつかせました。

　でも、ヒョンジュンが逃げ出した理由は、社会奉仕活動の履行中に、障がい者であることをからかわれたり、目が見えづらいことによるミスを怒られたりして、心が傷ついたからでした。そんなヒョンジュンをふびんに思い、二度も判事室に呼んで戒め、なだめました。

　「ヒョンジュン、障がいのことで人にからかわれたり、ミスしたりしても気持ちを強く持って、センターのみんなとうまくやりなさい。センターから逃げ出したら、また非行に手を染めることになるだろう。だから、恥ずかしがらずに自分から事情を正直に話してあげるんだ。そうすれば、みんな君を受け入れ、手助けしてくれるはずだから、努めて心を強く持ちなさい」

そんなヒョンジュンがまた抜け出したと聞き、呆然としましたが、幸いすぐセンターに戻ってきました。そんな危なっかしかったヒョンジュンが、間もなくヨルリン・センター長とともに判事室を訪ねてきました。紆余曲折を経て高校を無事に卒業し、晴れやかな表情で座っているヒョンジュンを見ていると、それまで彼のせいで気をもんだ記憶はすっかり消え、誇らしく思われました。ところが、しばらく話したあと、一行を見送ろうと立ち上がったとき、突然ヒョンジュンが震える声で「判事さん、一度抱き締めてください」と言ったのです。すぐさまヒョンジュンを抱き締めると、彼は消え入りそうな声を紡ぎ出すように、「判事さん、この恩は絶対に返しません」と言いました。緊張で言い間違えてしまったのです。言い間違いに気づいたのか、すぐに耳まで真っ赤にしたヒョンジュンから、彼の純粋な心がそっくりそのまま伝わってきました。私は感心しながら、ヒョンジュンをもう一度抱き締め、心の中で呟きました。

（ヒョンジュン、私には恩なんて返さなくていい。恩返しすべき相手はほかにいるだろう。胸を押し潰されそうな思いで君

のために祈り、世話をしてくれたセンター長と先生のありがたみを忘れてはいけない。それでも、私に何かを返したい気持ちが湧いたなら、立派な大人になって、幸せに暮らしてくれ）

　青少年回復センターは2016年に施行された青少年福祉支援法[32] の改正により「青少年福祉支援施設」として、晴れて国の公式な施設として認められました。改正された法律を「チョン・ジョンホ法」と呼ぶ人もいます。翌2017年の秋夕[33]、奇跡のようなことが起きました。各センターに委託していた児童170人余りを、連休の10日間で家に帰したのですが、1人も欠けることなく、センターに戻ってきたのです。何よりも、センターで過ごす6か月間、少年たちの再犯率は0％でした。あたたかい支援があったからこそ可能だったことです。2020年12月には、青少年回復センターは全国で21か所に増えました。およそ収容人数の少ない少年院2か所程度の規模です。責任ある大人の関心と支えがあれば、青少年回復センターは、より多くの少年を犯罪から脱却させるための手助けとなるでしょう。

32　青少年の福祉向上に関する事項を規定する法律で、2004年に施行された。
33　1年の豊作を祈るとともに、先祖に感謝する日。毎年旧暦8月15日とその前後1日ずつと合わせ、3日間祝日となる。

お母さんと呼ばせてください

　「お母さん」ほどあたたかい言葉はあるでしょうか。この世に生まれてきたか弱く幼い存在を包み込む、最初の優しさが母親です。子どもにとって母親は、いつでも呼べば飛んできてくれる何でも屋さん、頼れる相手であり、つらいときに包み込んでくれる懐です。しかし、少年法廷に立つ少年のなかには、そもそも親の大切さ、特に母親の愛を知らない人が大勢います。間違ったことをしても、無条件に抱き締めてくれる存在が、彼らにはいないのです。

　　　お母さんに会いたくない理由
　　一、僕たちを捨てて逃げたから
　　二、僕には必要ない存在だから
　　三、今はもう会いたいと思わないから

四、いまさらかわいがるふり、気遣うふりをしても手遅れだから

　五、姉さんはお母さんのことを忘れたのに、僕だけ連絡を取り合うのはおかしいから

　六、忘れたいから

　七、捨てられた記憶は一生消えない傷だから

　ある少年が書いた文です。箇条書きのなかに、母親に対する恋しさが逆説的に表現されているようで胸が痛みました。ある精神科医は、母親に対する切実な恋しさと、許せない相手への怒りは、何年たっても薄れない、と言いました。優しさとぬくもり、恐怖と怒りなど、感情と密接に関係する記憶は、記憶の中で最もしつこい「情動的記憶」として貯蔵されるためです。非行少年も詩人キム・ヨンテク [34] の言ったように「母親の胸を食いちぎって」成長できなければなりません。少年たちの心を取り戻すには、さまよって傷ついた心、涙がにじんだ彼らの心を慰めてあげる存在が必要なのです。いくら努力したところで、実の母親には及ばないでしょう。

34　金龍澤（1948 〜）は、韓国を代表する詩人・随筆家。「母の胸を食いちぎって」は 2012 年に発表した『キム・ヨンテクの母』（『김용택의 어머니』문학동네）での一節。

それでも、「自分たちの胸をちぎって食べさせながら」献身的に尽くそうとする、新しい母親がいます。そして、この掛けがえのない関係は、少年たちの人生に重要な転機をもたらしてくれました。

　サンジュンは恐喝などの非行で少年審判を受け、シャローム青少年回復センター[35]に委託されました。サンジュンには両親がいますが、３歳のときに離婚して母親とは音信不通状態となって、父親は再婚することになり、祖母のもとで暮らしました。ところが、少し前に祖母が他界したため、面倒を見てくれる人がいなくなり、センターで暮らし始めました。入所してきたばかりのサンジュンは、人の話に割り込んでは壊れたラジオのようにしゃべり続けたり、誰彼かまわず絡んだり、いちいち干渉して騒ぎ立てるなど、情緒に重大な問題を抱えていました。数時間にわたって一方的に話し続け、誰かが口を挟もうものなら、「ちょっと、僕の話を聞いてください」としょっちゅう相手の言葉を遮っていました。
　そんな落ち着きのない、情緒不安定だったサンジュンが

35　2010年、慶尚南道昌原市鎮海区に設立された青少年福祉支援施設。

徐々に変わり始めたのは、センター長の奥さんを「お母さん」と呼び、懐いてからでした。青少年回復センターにやってくる少年の多くは、センターでの生活に慣れるまで、心を閉ざしたまま距離を置こうとします。慣れない空間で知らない人たちと暮らすのだから、警戒しているのです。ところが、サンジュンは違いました。センターに来て間もなく、センター長の奥さんを「お母さん」と呼んで懐いたのです。もともと非常に情緒不安定で、一筋縄ではいかなかった少年が突拍子もなく母親と呼び始めたので、センター長の奥さんは彼の意図が知りたくなりました。そこで、すぐに応じるのではなく、サンジュンの心を探るために、わざとこう言ったそうです。

　「私が、いつあなたのお母さんになったの？　先生でしょ」

　するとサンジュンは真剣な顔で言いました。

　「僕は今まで、一度もお母さんと呼んだことがないんです。だから先生をお母さんと呼ばせてください」

　頼み事にしてはあまりにも直球の彼の言葉に、センター長の奥さんはしばらくあっけに取られて、ぼんやり立っていたそうです。どう判断すべきか考えあぐねたでしょう。それで

も、その後、愛情あふれる「お母さん」という言葉は、血の
つながらないサンジュンとセンター長の奥さんの関係を決定
づける、あたたかい言葉になりました。

　生まれて初めて「お母さん」ができたサンジュンは、セン
ター長の奥さんの心を尽くしたケアのおかげで、急速に心の
傷を癒やしていき、学校にも再び通い始めて懸命に暮らしま
した。ボランティアの人たちは、サンジュンを見ると口をそ
ろえて、「この子は本当に、あのおしゃべりだった子？　こ
んなに変わるなんて」と見違えるような姿に衝撃を受けたそ
うです。

　母と息子という言葉で結ばれた絆のおかげか、センター長
の奥さんはサンジュンを実の息子以上に大切にしました。サ
ンジュンを自宅に住まわせるほどでした。こうして格別の愛
情を注ぎ込むうちに、サンジュンとセンター長の奥さんの関
係は実の親子のように強固になりました。そのため、２人に
まつわる面白い話がたくさんあります。

　ある日、サンジュンは授業が終わると友達２人を家に連れ
てきて、センター長の奥さんを「僕のお母さん」と紹介しま

した。でも、その場にはセンター長夫妻の実の娘もいました。サンジュンに姉がいないことを知っていた友達が不思議がると、「うん、お母さんが再婚してお姉ちゃんができた」としれっと答えたそうです。その言葉どおりに信じた友達は、センター長の奥さんがサンジュンの実母だと少しも疑わずに帰りました。彼らが帰ったあと、サンジュンはセンター長の奥さんに許しを請うたそうです。

「お母さん、再婚させてごめんなさい」

お茶目で面白い子ですが、サンジュンは実の母親から二度も傷つけられていました。３歳のころに別れてから、一度も自分を探さなかった母親から受けた傷と、センターに委託されてから間もないころに受けた傷です。

センターに委託されたばかりのころ、サンジュンは実母の連絡先を知り、喜び勇んで電話をかけました。せめて声だけでも聞きたかったのに、彼に返ってきたのは二度と電話するな、という冷ややかな返事でした。新しい家庭を築いていた母親は、サンジュンの存在を忘れたかったのです。あまりにも深い傷でしたが、母への恋しさが勝っていたサンジュンは、

翌日にもう一度電話をかけました。ところが、受話器の向こうから聞こえてきたのは母の声ではなく、「おかけになった電話番号は現在使われておりません」という冷たい機械音だけでした。サンジュンがまた連絡してくるのを心配した母親が電話を解約したのです。

当時、サンジュンは泣きながらセンター長の奥さんに言いました。

「一目だけでも会いたかったのに……遠くからでもいいから、お母さんがどんな人なのか見たかったのに……」

サンジュンの痛みを知っているセンター長の奥さんは幼い心を痛ましく思い、サンジュンの背中をさすりながら言いました。

「大丈夫よ、あなたのお母さんは私でしょ。あなたは私が胸を痛めて産んだ私の息子なんだから」

サンジュンは１年間の保護観察処分期間を終えてもセンターに残りました。実母とは相変わらず音信不通で、再婚した父親もサンジュンが戻ってくることを望まず、行き場がなかったからです。その間にサンジュンは文系の高校に進学し、

学校で風紀委員長まで務めて、真面目に学校生活を送りました。

　以前、昌原地方法院の大会議室で映画監督のクァク・キョンテク[36]さんを招き、「友へ、暴力はいけない」というテーマで、学校暴力を未然に防ぐための講演会を開きました。会議室は各センターから集まった少年少女と招待客で、足の踏み場もないほど混んでいました。臨時で用意した椅子まで埋まってしまったので、遅れてきた人たちは後ろで立って講演を聞かなければなりませんでした。そこで、センター長の奥さんとサンジュンが小声で言い合う姿を目撃しました。

　「ほら！　サンジュン！　こっちに座りなさい。立っていたら足が疲れるでしょ」

　椅子に座っていたセンター長の奥さんが席を確保して、後ろで立っていたサンジュンに向かってしきりに手招きしていました。にきびだらけのサンジュンは、自分を子ども扱いするセンター長の奥さんが恥ずかしいのか、周りをうかがいながらすねたように答えました。

　「僕はいいから〜お母さんだけ座ってて〜恥ずかしいって

36　郭暻澤（1966〜）は韓国を代表する映画監督。主な作品に「友へ チング（친구）」（2001年公開）、「チャンピオン（챔피언）」（2002年）、「極秘捜査（극비수사）」（2015年）などがある。

ば」

「何を恥ずかしがってるの。長いんだから、足が疲れるわ〜」

サンジュンに立ったまま講演を聞かせるのが気がかりだったセンター長の奥さんは、手招きをやめず、サンジュンは「もういいってば〜恥ずかしいからやめて」といらだっていました。母親と思春期の息子のようなやり取りをする2人の姿は本当の家族のようで、その様子を見ていた私の目にも笑みが浮かびました。

サンジュンはセンター長夫妻の献身的なケアを受け、高校を卒業して大学に進学しました。センター長夫妻はサンジュンが気後れしないように、実の息子には10万ウォン以上するダウンジャケットを買ってあげたことがないのに、サンジュンには迷わず高価なダウンジャケットを買ってあげました。サンジュンは海軍に入隊し、真面目に服務期間を終えました。除隊後も行き場がなく、まだ自立できる状況ではなかったサンジュンは、引き続きセンター長夫妻のもとで暮らしています。

新型コロナウイルスが猛威を振るっていた2020年3月頃、

シャローム青少年回復センターを訪問したところ、ちょうどサンジュンがいたので強く抱き締めました。たくましい体格の生真面目な青年に成長したサンジュンを見て、胸の奥底から感動が湧き上がりました。シャローム青少年回復センターがなかったら、サンジュンは今とは違った人生を送っていたかもしれないと思うと、センター長夫妻の献身に感謝の気持ちが止まりませんでした。

判事さん、サムゲタンをどうぞ

　私が子どものころは、みんな貧しかったです。私もどん底の暮らしのなかで成長しました。私の生まれ育った場所は釜山でも一番の貧民街で、いわゆる「ハコバン（箱部屋）[37]」と呼ばれるバラックが建ち並んでいました。仲よく肩を寄せ合う家々の間に、クモの巣のように路地が張り巡らされたサントンネ[38]にあるバラックの手狭な一間で、9人家族が身を寄せ合いながら暮らしました。お昼の弁当に入れる物がなくて、水道水で空腹を紛らわしたこともあります。当時、育成会[39]の会費が500ウォンだったのですが、それが払えず、わざと学校をずる休みしたこともあります。そんな厳しい環境でしたが、欠席すると家まで来てくれる優しい友人もいましたし、何も言わず気にかけてくれる懐の深い恩師にも恵まれ、その時代を何とか耐えることができました。

37　板張りの簡易住宅で、貧しい人々が暮らした。日本語の「箱」と韓国語で部屋を意味する「房」を組み合わせた言葉。バラック住宅。
38　都心部に近い山裾に形成された貧民街。直訳すると「山の街」。高台にあり、月に近いことから「タルトンネ（月の街）」とも呼ばれる。
39　前身である期成会は朝鮮戦争休戦後の学校施設や教育設備再建のために始まり、その後は教員の研究費や手当などに充てられた。名目上は保護者の自発的な協賛形式だが、支払いを強要するような側面もあった。運営にいくつもの問題が指摘され、1997年に「学父母会」に名称を変更、その機能を縮小した。

サッカー選手のペレは自分の幼少期を回想し、貧困の恐ろしさは、何かを所有できないことではなく、人生に対して尻込みさせることだと言いました。心配と恐怖は生きることへの意欲さえのみ込んでしまうのです。そのとおりです。実際、ひとり親家庭や貧困家庭で育った子どもたちは、胸に傷を負っている場合が少なくありません。そうした傷は彼らの人生に暗い影を落とし、社会への敵対心につながりかねないため、周囲が関心を持つことが重要です。あたたかい関心と支援の手を差し伸べてくれる人が１人いるだけで、子どもは変われるからです。

　青少年期は瞬く間に過ぎていきます。このごく短い時間が過ぎ去る前に、少しでも子どもたちに美しい思い出を植え付けなければなりません。たとえその思い出が蛍火のように小さくても、見放され孤独に生きてきた子どもたちにとっては、暗い道を照らしてくれる美しい星明かりになるかもしれません。

　ある日、いつもどおり釜山を出発し、交通渋滞にやきもき

しながら昌原トンネルを通過し、法院に向かっていました。少女のための青少年回復センターであるイレ・センターが通勤途上にありました。そこを通り過ぎるたびに、子どもたちの姿を見られないかと目を凝らして徐行運転しましたが、それまで一度も見かけたことはありませんでした。ところが、その日は道端に２人の子どもが立っているのが見えたので、嬉しくなって車を路肩に止め、クラクションを鳴らすと、子どもたちが笑いながら駆け寄ってきました。

「どこに行くんだ？」

「保護観察所に研修を受けに行きます」

　すると、そのうちの１人が、持っていたプラスチックの密閉容器を取り出して蓋を開けました。密閉容器の中には蒸したサツマイモが２個入っていましたが、そのうちの１個を差し出しながら言いました。

「判事さんにあげます」

「このサツマイモは？」

「保護観察所で研修中に食べようと思って、持ってきました」

いつの間にか、人と分け合えるほど、心に余裕が生まれた彼女たちを見て、ふと胸が熱くなり、言葉が出ませんでした。

　「いただくよ。ありがとう」

　子どもたちと別れてから、職場で主任にサツマイモをもらった経緯を話して、半分ずつ食べました。真心に感謝して受け取ったものの、１個のサツマイモを分け合う彼女たちを想像すると、なかなかのどを通りませんでした。自分たちのサツマイモを分けてくれた優しさにお返しをしたくなり、夕食をごちそうすることにしました。

　その日、イレ・センターを訪れ、共同生活をしているほかの５人も連れて、デパートの中にあるファミリーレストランに行きました。レストランに入るなり、１人が「こんなレストランに来るのは初めてです」と言いながら、不思議そうに店内を見回していました。すると、ほかの子たちも口をそろえて「私もです」「私もです」と興奮を隠しきれない様子でした。厳しい環境で育った子どもたちが大半なので、両親と手をつないで外食に行くという、ごく普通の日常さえ経験したことがなかったのです。

食事中、子どもたちは年頃の女の子らしく、おしゃべりしながら笑ったり、ふざけ合ったりと楽しそうでした。そんな子どもたちを見ていた私も楽しくなりました。判決を下す判事と、その判決を待つ保護少年ではなく、どこにでもいるおじさんと少女として会ったので、なおさら楽しく感じたのでしょう。

　食事を終えて、外で別れの挨拶をしようとしたら、1人が唐突にこんなことを言いました。

　「判事さん、今まで生きてきたなかで、一番のおもてなしです」

　その言葉を聞いた瞬間、胸が痛みました。普通の人にしてみれば、ごく当たり前の日常ですが、この子たちにとっては今日の夕食が豪華な晩餐のように感じられたのです。それまで、子どもたちがいかに厳しい環境に置かれていたのか、改めて思い知らされました。

　それから数日後、仕事帰りに子どもたちを思い出し、様子を見にイレ・センターに寄りました。センターには4人の少女と相談員が1人いました。私がドアを開けて中に入るなり、

子どもたちがわっと集まってきて聞きました。

「判事さん、夕食は食べましたか？」

「いや、家に帰って食べるよ」

「じゃあ、私たちがラーメンを作るので、食べていってください」

レストランでの出来事から親近感を持ってくれたのか、子どもたちは夕食を食べていけと言って聞きませんでした。妻が家で夕食を作っていることを知りながらも、適当な言い訳が見つからず、「ああ、そうしよう」と流されるままに座ってしまいました。

席に着くと、数人がキッチンに駆け込み、あっという間にラーメンを作ってきました。ラーメンには卵がきれいに載っていました。いざ箸を取ろうとしたら、子どもたちが突然おどけた顔で「判事さん、サムゲタンをどうぞ」と言いました。訳が分からず、「うん？　参鶏湯？」と聞き返すと、子どもたちは何がそんなにおかしいのか、ひとしきり笑うと、「三養ラーメンに卵を入れたらサムゲタンです」と言いながら、ケラケラ笑っていました。「いやいや、判事さんはそん

なことも知らないんですか？」とからかうように、みんなで大笑いしました。

　家族が恋しくなっても、自由に会いに行けない子どもたちが作ってくれたラーメンを見ていると、胸がえぐられるようでした。ズルズル、熱いスープとこぼれる涙でなかなか食べ進められませんでしたが、スープ一滴残さず完食しました。

　「これはヤバいな。こんなにおいしいサムゲタンは人生で初めてだよ」

　若者のはやり言葉を使いながら冗談を言うと、私を取り囲むように座っていた子どもたちの表情がぱっと明るくなりました。

　「こんなにおいしいサムゲタンを、ただで食べるわけにはいかない。サムゲタン代を払うから、みんなで均等に分けるんだよ」

　そう言いながら、5万ウォン札を手渡すと、子どもたちは「わっ！」と声を上げながら喜びました。でも、その中の1人が発した言葉に、また胸が痛みました。

　「判事さん、初めて5万ウォン札を見ました」

子どもたちとのやり取りは、その後も続きました。子ども
たちがキムチを持ってきたら、私はケーキを買ってセンター
を訪れるという具合です。ささやかな分かち合いでしたが、
こうした日常的な記憶こそ子どもたちに必要だという思い
で、熱心に通っていたような気がします。

　それから９年がたったある日、カカオトーク[40]でサムゲタ
ンを作ってくれた子のうちの１人が結婚するという、連絡を
くれました。本当に嬉しくて、すぐにでも結婚式場に駆けつ
けたかったです。ただ私との関係によって過去の行いを知ら
れまいか、心配するかもしれないので、わざと結婚式当日に
先約があると伝え、花でも贈ろうかと尋ねました。すると、
予想どおり花は贈らなくていいと言われました。その後、子
どもが生まれ、カカオトークで「子どもを産んで、親になっ
てみて、ようやく分かった気がします。親心、判事さんの心が」
というメッセージが送られてきました。これがどれほどあり
がたいメッセージか、受け取った人ならわかることでしょう。

40　韓国で一般的に使用されているメッセンジャーアプリケーション。

僕は大丈夫、僕ならできる

　非行少年たちを非行から抜け出せる最善の道は、彼らに希望を抱かせることです。しかし、学業を途中で諦め、ろくな技術教育すら受けられなかった非行少年たちに、劣悪な生活環境のなかで希望を芽生えさせることは、口で言うほど簡単ではありません。

　オサンは春の日の夜 12 時頃、あるコンビニエンスストアに押し入り、凶器で店員を脅してお金を要求しました。店員はお金を渡すことを拒み続け、そのうち 1 人の客が店に入ってきたとたんオサンは逃走しました。でも、防犯カメラの映像によって間もなく逮捕され、審判を受けることになりました。

　オサンは自分の過ちを洗いざらい自白し、国選補助人はオ

サンについて、次のような意見を示しました。

　　親愛なる裁判長。

　　オサンの両親は、彼が小学2年生のときに別居しました。オサンは両親の別居後、母親と暮らしましたが、そのころから脱毛が始まりました。その後、脱毛の症状が悪化し、現在のオサンは毛髪、脇毛、眉毛、ひげなどが一切生えてきません。

　　脱毛症を治療するために、あらゆる手を尽くしましたが、無駄な努力に終わりました。オサンはかつらも試しましたが、目立つうえに、暑くて汗が流れ落ちるので使い勝手が悪かったため、今は使っていません。また、アルバイトを始めようとしましたが、かつらや脱毛症を理由に何度も断られました。脱毛症をからかわれるのが嫌で、学校に通いたがらなかったオサンは、中学校を中学校卒業程度認定試験で修了し、高校入学を諦めたまま生きてきました。

親愛なる裁判長。

　オサンには話し相手がおらず、ひと言も話さない日が少なくありませんでした。図書館で１人勉強したり、暇になると小遣い稼ぎのためにダンボールを拾ったりしていました。事件の直前、父方のおばが父親に家賃の支払いを催促し、払えないなら出ていけと怒鳴っているところを目撃したオサンは、ストレスが極限に達していました。ストレスがたまると、１人で酒を飲みながら鬱々とした気持ちを晴らしていたオサンは、その日もストレス発散のために焼酎を３本飲んで帰宅しました。ところが、酒を飲んでオサンより遅くに帰ってきた父親が、オサンの飲酒を叱り飛ばすと、カッとなって包丁を手に家を飛び出したのです。

　家を出たオサンは、生きるのがつらい、何もかも放棄したい、そんな思考にとらわれ、街を徘徊していたときに、ふとおばに払う家賃を用意しなければならないことを思い出し、強盗を働きました。幸い被害者たちに危害は加えませんでした。

オサンの父親は建築関係の仕事をしていますが、先日、雇用主の会社が数千万ウォン規模の不渡りを出して、数か月分の給料を受け取れなかったため、家賃を払えずにいました。父親は家計が苦しいうえに、きょうだいとのわだかまりによって、オサンにストレスを与えてしまったことを申し訳なく思っています。オサンの父親は会社の経営が徐々に正常化されてきているので、近いうちに住居を探し、独立するつもりだそうです。脱毛症でまともな社会生活と学校生活が難しいオサンを現場に連れていき、大工の技術を教えて一緒に暮らすことにしました。こうした父親の思いを汲んで、オサンに最後のチャンスを与えてくださるよう、心からお願いします。

　「父親」と「大工」は、私にとってなじみ深い言葉であり、同時に痛みを呼び起こさせます。私の父は生涯、大工として働き、病気で亡くなったためです。
　私は父を思い出し、オサンにこのようにお願いしました。
　「オサン、お父さんの後について、技術をたたき込んでも

らいなさい。技術さえ身につければ、誰も君を軽視できない
はずだ。それに、優れた技術を持っていれば、脱毛症なんて、
社会生活を送るうえで、何の負担にもならないだろう。技術
を身につけるまでは、お父さんから決して離れてはいけない。
それが君の希望になるから、絶対に諦めてはいけないよ」

　それからオサンに言いました。

「オサン、『僕は大丈夫』と 10 回叫んでみてくれ」

　すると、オサンはひざまずき、泣きながらもはっきりした
声で言いました。

「僕は大丈夫。僕ならできる」

「僕は大丈夫。僕ならできる」

「僕は大丈夫。僕ならできる」

　そう繰り返すオサンの声は、回数を重ねるごとに太くなり、
確信に満ちた声に変わっていきました。私をはじめ、法廷に
いた人たち全員が、オサンの叫びに心を動かされました。そ
の日、法廷にいた人たちは、オサンの痛みに共感し、ともに
泣きました。そして、オサンと彼の父親の未来に祝福あれ、
と切に願いました。

そんな願いが天に届いたのか、先日、オサンに父親のようなメンター（mentor）[41] ができました。オサンの事件の国選補助人だったトゥンジ青少年回復センター[42] のセンター長が、オサンの事情を見過ごせないと、メンター役を買って出ました。その後、センター長は定期的にオサンに会い、様々なサポートをしてくれています。

　同年の 12 月、センター長はオサンに再会しました。審判から 5 か月という時間がたちましたが、オサンの脱毛症はさほど好転せず、生活環境の改善も見られませんでした。そんなオサンの境遇に心を痛めたセンター長は、オサンに国際金融高等学校[43] の特別クラスへの入学を勧め、最後に「オサン、君は再非行の危険性が高くないから……」と言いました。

　ところが、オサンはだしぬけに、「僕は再非行の危険性が高いから危ないです」とはっきり言ったのです。

　意外な答えが返ってきたので、センター長は理由を尋ねました。すると、オサンは「センター長、僕は今でもお金がなくて、非行に走りたい衝動がふつふつと湧いてくるので、再

41　相談者や助言者を意味する言葉で、対象者を内面的・精神的にサポートする者。
42　釜山広域市金井区久瑞洞にあり、女子少年を受け入れている。「トゥンジ」は巣を意味する。
43　釜山広域市にある私立高校。2015 年から保護少年に学業の機会を提供するため、釜山家庭法院と協力し「国際金融高等学校情報処理科釜山家庭法院特別クラス」を運営している。

非行の危険性が高いです」と答えたそうです。普通は隠そうとするものですが、オサンはほかの少年たちと違って、正直に自分の気持ちを打ち明けました。そんなオサンの態度に感動したセンター長が、「それなら、一月にいくらあれば、問題を起こさずに過ごせそうかな？」と尋ねると、しばらく言い渋っていたオサンは「10万ウォン」と照れくさそうに答えました。センター長は即座に、「よし、それなら私が毎月10万ウォンの小遣いをあげるから、その代わり高校に進学してきちんと暮らすんだよ」とオサンと約束したそうです。

そんな約束をすると、今度は寒い日にも薄手のジャンパーに夏用のメッシュ帽をかぶり、しきりに鼻をすするオサンの粗末な服装がセンター長の目に入りました。外に連れ出して温かい上着の１着でも買ってあげたかったのですが、すぐには難しかったので、センター長はひとまず事務所にあった米１袋をオサンの肩に載せてやり、近いうちにまた会おうと約束しました。

センター長はオサンと別れたあとも、彼のみすぼらしい身なりが頭に浮かんで気がかりでした。センター長はたまらず

オサンに電話し、支援者たちのサポートで用意した冬用の
ジャンパーとTシャツ、そして脱毛が深刻な頭を隠し、温め
てくれる帽子をプレゼントしました。オサンは予想もしな
かったプレゼントに驚いたのか、センター長に「本当にもらっ
ていいんですか？」と何度も尋ね、喜びをあらわにしました。
　お礼の言葉を伝えて去っていくオサンの後ろ姿を見つめて
いるうちに、つられて胸が温かくなったセンター長は、心の
中で願いました。
（オサン！　君が気をしっかり持って生きていけば、いつで
も力になってくれる人たちに出会えるから、どうか頑張って
くれ。法廷で「僕は大丈夫。僕ならできる」と真剣に力強く
叫んでいた君を応援しているよ。次はかつらを作ってくれる
人の所を訪ねて、格好いいヘアスタイルにしてもらおう）

判事さんのせいで、
お腹がすいても我慢しました

　一般的な刑事裁判の手続きとは異なり、少年審判は一時的な関係では終わりません。刑事裁判における判事の任務は判決を宣告して終わり、その後に行われる刑の執行や保護観察において、判事はいかなる権限も行使できません。ですが、少年審判においては、判事が非行を犯した少年に、それに見合った処分を下しただけでは関係が終わりません。決定の執行状況を監督し、処分を変更する権限が与えられているため、決定の執行が終了するまで判事の権限は継続します。

　処分を下したあとの少年部判事の対応によって、非行少年たちの矯正や福祉の向上に多大な影響を与える場合もあります。そのため、処分が下されてからも関係を断たず、機会があるたびに交流を続けながら、少年たちが正しく育つための

手助けになるなら、何でもしようとします。

　それでも、全員の少年たちと交流することはできません。審判が終わってから、少年たちから判事に連絡をくれることはごくまれですし、特別なきっかけがないかぎり、少年部判事がみずから積極的に少年たちと交流するためには、１人ひとりを訪ねるしかないのです。少年たちと交流できるのは、少年たちが私に手紙を送ってくれたり、自分から訪ねてきたり、特別なきっかけがある場合です。例外的に、青少年回復センターや少年院などの委託先施設にいる少年の場合は定期的に施設を訪問したり、委託された少年と一緒に野球観戦やオペラ鑑賞に行ったり、心がけ次第である程度は交流することができます。

　少年保護処分の審判を担当しながら、数え切れないほどの少年に出会いました。大学合格の報告をしに来た少年、ただ私に会いたくて来たという少年もいました。それらのなかから記憶に残る少年たちの話をしましょう。

　昌原地方法院で私が審判を担当した少年が、昌原から釜山

まで都市間バスに乗ってやってきました。私としゃべる間、彼の手にはずっと黒いビニール袋が握られていたので、気になってその中身を聞いてみました。照れくさそうな表情で少年が開いて見せたビニール袋の中には、アルミホイルに包まれた海苔巻きが１本と、たばこが１箱入っていました。それを見た瞬間、あきれてしまいました。

「こら！　私が昼食をごちそうしてくれないかと思って、海苔巻きを買ってきたのか？」

もじもじしていたので、もう一度尋ねました。

「海苔巻きとたばこを買うお金は誰にもらったんだ？　まさか盗んだわけではないだろうな？」

すると、少年は堂々と答えました。

「違います。祖母が１万ウォンをくれました。往復のバス代を引いてたばこを買ったら、海苔巻きしか買えなかったんです」

彼の返事に心が痛みました。わざわざ私に会いに来たのに、食事をごちそうしてもらえるのではないかという打算もないうえに、図々しく「判事さん、お昼をごちそうしてください」

と言い出す頭もないまま、自分で昼食を何とかしようと海苔巻きを買ってきた彼がふびんでなりませんでした。ここまで訪ねてきてくれた彼においしい食事をごちそうしたかったですが、突然の訪問だったうえに、予定されていた昼食の席に連れていくのもはばかられ、やむを得ず帰ってもらうことにしました。その代わり、温かい物でも食べるようにと、彼に１万ウォンを渡しました。もう少しあげたかったですが、合成接着剤を吸い込んで医療少年院で６か月間過ごしたことがある彼に、必要以上のお金を渡すと余計なことに使わないか心配でした。

「今まで、よく再非行に走らなかったね。これからもその調子で頑張るんだよ。またお金が必要になったら私に連絡しなさい」

彼とはそうして別れました。私と別れたあと、昼食を買ったのか、その後どんな生活を送っているのか、ときどき彼の顔が頭に浮かびます。いつか再会できたら、今度こそおいしい食事をごちそうしたいです。

ある年の９月中旬のことでした。釜山法院の庁舎総合案内から、ヨンハクという少年が私に会いたがっているとの電話が来ました。誰だったか思い出せませんでしたが、ひとまず判事室に通すよう伝えました。法廷で大勢の少年たちに会うため、全員を覚えるには限界がありますが、判事室を訪ねてきたヨンハクを見てもピンときませんでした。顔も見覚えがなく、いつどんな非行で審判を受けたのか、どんな家庭環境だったのか、いかなる記憶の断片もありませんでした。やむを得ず、審判時に作成したメモを見返しました。19歳のヨンハクは窃盗罪などで二度の審判を受け、二度目の審判で精神的な問題を指摘する報告書が提出されたため、６か月間を医療少年院で過ごす７号処分[44]を受けた少年でした。ヨンハクの母親は彼が２歳のときに離婚してから音信不通となり、父親は１年前から連絡が取れなかったため、審判が行われた当時は伯母の家で生活していました。

　「いつ少年院を出院したんだ？」

　ヨンハクはぼそっと答えました。

　「つい最近です」

44　病院、療養所、または「保護少年等の処遇に関する法律」に定められた少年医療保護施設に６か月間委託する処分（229頁表２参照）。

「何か用があって訪ねてきたのか？」

「いいえ。判事さんが困ったときはいつでも訪ねてこいと言ったじゃないですか。だから来たんです」

ヨンハクが誰かも思い出せないのに、困ったときはいつでも訪ねてくるよう言ったことを覚えているはずがありませんでした。

「そうか。そんなことを言ったか、思い出せないな。本当に思い出せないだけで、悪気はないんだ。それはそうと、今も伯母さんの家で暮らしているのか？」

「いいえ。２週間前に伯母さんの家を出ました。伯母さんにお使いを頼まれたのですが、途中でクレジットカード [45] を紛失してしまったんです。そのせいで怖くて家に帰れませんでした」

「それなら、今までどこで寝泊まりを？」

「公園のベンチで生活していました。家を出たときに７万ウォンを持っていたんですが、もう使いきってしまいました」

公園のベンチで野宿したという言葉に胸騒ぎがしました。まだ寒い季節でなかったことは幸いでしたが、それまでの苦

45　韓国でも本来は名義人本人が使用するが、電子化によるキャッシュレスが進んでおり、ものを頼むときに部下や家族などに渡して決済させることがたびたびある。

労を物語るように、ヨンハクの顔は青ざめ疲れが見えました。

「そうだったのか。朝ごはんは？」

「いいえ。３日間、何も食べていません。お腹がすいたけど、盗みはしませんでした。何もかも判事さんのせいです」

私のせいだなんて、ヨンハクの唐突な言葉に戸惑って聞き返しました。

「どうして私のせいなんだ？」

「僕が医療少年院に行くことになったとき、判事さんをすごく恨みました。怒りが収まらなかったです。でも施設に入ってから、判事さんの本を読みました。その本を読んで、僕は心の中で、判事さんに、別人に生まれ変わると誓ったんです。だから、少年院で真面目に生活しました。伯母さんの家を出てからも、７万ウォンで10日間を乗り切って、お金が底をついてからは空腹にも耐えました。でも、盗みは働いていません。僕が判事さんに約束したからです」

ヨンハクの言葉に胸が詰まるようでした。１冊の本を読んで、そんな誓いをしたことにも驚きましたし、心の約束を守るために、お腹がすいても盗みを働かなかった彼が健気でし

た。そんなヨンハクこそ、誰よりも純粋で、きれいな心の持ち主だと思いました。何百万冊の本を読んでも、文章を覚えるだけなら何の意味もありません。心から本に向き合って読んだからこそ、彼は変われたのでしょう。そんなヨンハクが誇らしく、感心しました。

「ヨンハク、それで私を訪ねてきた訳は？」

「判事さん、僕はもう伯母さんの家に戻れません。僕の捜査を担当した警察官を訪ねたけど、いなかったから判事さんの所に来ました。ここに来るまで、夜通し歩きました。だから判事さん、僕が生活できる施設（青少年回復センター）を探してください。どうかお願いします」

ヨンハクの言葉からは生きることへの意志と切実さが感じられました。彼の切実な願いを断れるはずもなく、私はその場でオウリム青少年回復センター[46]のセンター長に連絡し、事情を説明してヨンハクの受け入れを依頼しました。間もなく成人する年齢だったので、負担をかけるおそれもありましたが、それ以外に方法はありませんでした。

　幸いにもセンター長はヨンハクの受け入れを快諾してくれ

46　釜山広域市釜山鎮区凡川洞にある青少年相談機関。2011 年に開所し、翌年に「釜山青少年相談教育センター」に改称された。

たので、ようやく安堵のため息をつけました。それから昼食の約束をしていた知人の了解を得て、ヨンハクを食事に同席させました。何よりもまず、ヨンハクに温かいごはんを食べさせなければいけないと思ったからです。ところが、3日間も空腹に耐えたはずのヨンハクですが、まともに食べられませんでした。私たちのことは気にせず食べろと促しても、ヨンハクは知らない人と一緒だと食事がのどを通らないと言いました。その言葉に、また胸が締めつけられました。心おきなく食事もとれないほど苦しい過去を送ってきたのだろうかと。

　食事を終えてヨンハクと判事室に戻ったあと、彼がかつて少年院で読んだという私の本をプレゼントしました。彼ほど、本を書いてよかったと思わせてくれた少年はいないでしょう。自分で持っているにせよ、ほかの人にあげるにせよ、その本が少しでもヨンハクの役に立ってくれたら幸いです。センター長と判事室を出ていくヨンハクを見送りながら、センターでの生活に慣れ、彼が誓ったように、別人に生まれ変われるように、今までの不幸や痛みをきれいさっぱり洗い落と

して、幸せに暮らせるように祈りました。

「最近の若者」が問題？

　「最近の若者」という言葉をよく耳にしませんか。通常、この言葉で始まる話には称賛や励ましよりも、否定的な評価や懸念が込められている場合が多いです。なかには経験に乏しい青少年に対する真剣な助言もあることでしょう。でも大半は「最近の大人」の取り越し苦労に終わります。少年犯罪に向けられた視線にも、これと似たような側面があります。

　たとえば、青少年による暴力事件が取り沙汰されるたびに、最近の若者の「暴力性」に関する議論が巻き起こります。「昔はそんなことはなかったのに、最近の若者はおかしい」といった「ラテ（自分が若者だった頃には、そんなことはなかったという意味）」シリーズから、「ああいう子は少年院ではなく、刑務所に送って、お灸を据えてやるべきだ」という厳罰論に至るまで、非行少年や不特定多数の青少年には様々な非難が向け

られます。

　こうした大人の懸念が噴出してきたことには背景があります。ここ数年間で発生した青少年による暴力事件が、凶悪化しているのも事実です。少年法の廃止を求める請願につながるほど国民に大きな衝撃を与えた、「釜山女子中学生集団暴行事件[47]」が代表的な事例です。この事件の詳細を知れば、犯罪少年に対する国民の怒りの感情が、十分すぎるほど理解できます。10代の女子中学生たちの行いとは到底思えない悲惨な暴力現場、子どもの過ちだと見逃すにはあまりにも無分別な態度を見て、平気な人はいません。それでも、明るみに出た数件の事件だけで、特定の集団を標的にして非難を浴びせたり、狙っていたかのように追い詰めたりするのは、危険なことです。それが嫌悪を伴う非難ならなおさらです。釜山女子中学生集団暴行事件が起きたとき、犯罪少年にも死刑もしくは無期懲役刑を宣告できる[48]よう、少年法を改正すべきだという世論が高まりましたが、そうした世論を支持する前に、もっと冷静な省察が必要ではないでしょうか。仮に暴力団員４人が１人の市民に対して、釜山女子中学生集団暴

47　2017年６月、被害学生と自分の彼氏の関係を疑った加害学生が友人らと暴行を加えた事件。被害学生は警察に通報したが立件されず、同年９月１日、釜山広域市沙上区の路地で警察への通報に対する報復として被害学生に約１時間40分にわたり暴行を加えた。
48　韓国では、犯罪少年に対する刑事裁判の手続は基本的に成人と同様であるが、少年法はこれに対して一連の特則を定めている。少年に対する緩刑として犯行時18歳未満の者に対しては、死刑、無期刑に処する場合には15年の有期懲役にする（少年法59条）、少年が法定刑の長期２年以上の有期刑に該当する罪を犯した場合には、その法定刑の範囲内で不定期刑を

行事件の加害者と同じような暴力を加えたとしましょう。この場合でも、暴力団員に死刑や無期懲役刑を宣告しろと言えますか。私は講演で聴衆に何度も問いかけましたが、そのような暴力行為を犯した暴力団員に宣告されるべき最も重い量刑として挙げられたのは懲役10年でした。大半の人は懲役5年が妥当だと言いました。それにもかかわらず、大人より寛容になるべきで、暴力団より社会に及ぼす害悪が少ない少年少女に、死刑や無期懲役刑を宣告すべきだという世論が高まったのはなぜでしょうか。私は非行少年に対する嫌悪が根底にあるからだと思います。しかし、嫌悪や嫌悪主義は人を非理性的な状態に陥れて、問題解決を妨げ、さらなる社会の対立を招くだけです。それでは、青少年の暴力問題をどのように理解すべきでしょうか。

　問題を解決するには、頭ごなしに非難したり、嫌悪感を示したりせず、原因に対する正確な診断を下すことが必要です。「腕の立つ漁師は漁に出る前に網の手入れをする」と言います。網に穴が開いていては、いくら実力があっても、魚を捕まえられないからです。青少年の暴力問題にもこのような態

宣告する（同法60条1項）ことになっている。つまり、長期と短期を定めて宣告するが、長期は10年を短期は5年を超過することができない。日本では、被告人が犯行時18・19歳の場合でも死刑判決を言い渡すことが出来る。

度で向き合ってこそ、本当の解決策にたどり着くはずなのです。それでは本題に戻って、最近の10代の若者は本当に過去に比べて、はるかに暴力的で残酷になったのか考えましょう。彼らを厳罰に処せば、大多数の善良な青少年はより安全な環境で過ごせるのでしょうか。

　まず初めに、24年にわたり裁判官として働き、8年間、現場で少年事件を担当してきた私からすると、最近の若者が昔に比べてはるかに暴力的で残酷になったというのは、情報化社会の情報過多が招いた、誤解や偏見の可能性が高いように見えます。数年前に大きな話題になった、釜山女子中学生集団暴行事件を再び例に挙げ、その理由をじっくり考えてみましょう。

　問題の事件は、釜山の中学校に通う4人の女子生徒が同年代の女子生徒1人を集団で暴行した事件です。事件の発端は異性関係でした。被害者は加害者のうちの1人のボーイフレンドからの電話に出たという理由で暴行され、これを警察に届け出ると、報復として再び呼び出され、暴行されたのです。この事件が少年法の廃止を求める請願につながるほど国民の

激しい怒りを買ったのは、10代の女子生徒の犯行とは思えないほど残忍な暴力と、その現場を平然とSNSで配信した大胆さが原因でした。血だらけになった被害者の姿がSNSで生配信されただけでなく、暴行した加害者たちが「私、犯罪やっちゃった」と自慢し、「ひどい？　刑務所に入れられそう？」と犯罪の事実について話す姿は、目を覆いたくなるほど衝撃的でした。

　日頃から少年事件に接する私ですら驚愕するほどだったので、一般国民が受けた衝撃は計り知れません。子どもを持つ親なら、なおさら、血だらけになった被害者の姿には同情を通り越して恐怖を覚えたでしょう。あんな子どもたちを野放しにしたら、いつか自分の子どもが同じ目に遭うのではないかという現実的な恐怖が少年法廃止の声につながったのです。しかし、深刻な事案ほど冷静に問題を見極めるべきです。それでは、本当に最近の若者は昔に比べて残酷で暴力的になったのか考えてみましょう。

　先に言及したように、私は2010年から少年法廷で1万2000人余りの犯罪少年に会ってきました。最初に少年審判

を始めたころの事件と最近の暴力事件を比較すると、暴力の程度が過去に比べて極めて残酷になったとは言えません。それなら、なぜ最近の若者の暴力が昔よりも残酷で、数が増えたように感じられるのでしょうか。それは私たちが高度な情報化社会に生きているためです。

たとえば、私が少年審判に関わり始めた2010年にオンラインゲームに依存した2人の少年がゲームを模倣して、タクシー運転手を殺害する事件がありました。人の命を奪っておきながら、反省するどころか、自分たちの弁護人に「次はもっと残忍で素早く人を殺さなければならないという考えが頭から離れない」と言って衝撃を与えました。メディアで大きく取り上げられなかったので、ほとんどの人はそんな事件があったことさえ知りませんでした。

それにひきかえ、2017年の釜山女子中学生集団暴行事件は全国民が知ったと言っても過言ではないほど、大きな話題になりました。非行の内容も驚きでしたが、メディアとインターネットの力が事件を知らせるうえで重大な役割を果たしました。ニュースとSNSを通じてあっという間に広まった

からです。今度はこれら2つの事件を比較してみましょう。

　2つの事件は、ともに10代の少年少女による犯罪であり、犯行内容が非行のレベルを逸脱しているという点では似ています。では仮に2つの事件が同じような時期に発生し、メディアで同様の割合で扱われたならば、どちらをより残酷に感じたでしょうか。言うまでもなく、2010年に起きた殺人事件のほうです。たとえ残忍な暴力行為でも、人の命を奪う殺人に比べれば、その重みは違って当然です。おそらく、殺人の現場を釜山女子中学生集団暴行事件のように写真や映像で見たら、厳罰どころか、すぐにでも死刑にすべきだという声が殺到したことでしょう。

　ここから分かる事実は、見聞きする情報によって、事件に対する評価が変わりうるということです。一般的に衝撃や恐怖は視覚情報として伝達される場合が多いです。血だらけになった子どもの姿を自分の目で見るのと、そのような事件があったという話を伝え聞くのとでは大違いです。ところが、現代社会はインターネットの普及により、ありとあらゆる画像情報をリアルタイムで受け取れる環境にあります。

そればかりか、以前は一般人が犯罪事実に関する情報にアクセスすることは難しく、事件の内容を正確に知るのは簡単ではありませんでしたが、最近は「ネチズン捜査隊[49]」が事件を解決することもあるほど、情報へのアクセスが容易で手軽になりました。インターネット上で検索するだけで、事件の情報があふれかえっています。そのため、最近の若者のほうが暴力的で、青少年犯罪が日々増加しているように感じるわけです。

　しかし、青少年犯罪そのものは、むしろ減っています。2017年に韓国法務研修院[50]が発行した『犯罪白書2016』によれば、犯罪少年の数は2009年以降、減少傾向にあり、犯罪全体における犯罪少年の割合も2009年に5.8％、2016年に3.6％に減少しました。人口の減少により犯罪件数が減ったこともありますが、私が勤務していた釜山家庭法院でも、2013年と2017年の少年保護事件数を比較すると40％程度に減っており、少年犯罪全体の数が減っていることは明らかです。それにもかかわらず、青少年犯罪が年々残酷で増えているように見えるのは、先に述べたように、犯罪の事実がイ

49　インターネット上の噂や事実について、自発的に追究し公開するネットユーザーたち。ネチズンとは「インターネット」と「シチズン（市民）」を合わせた造語。
50　法務部に所属し、検事、検察捜査官などの公務員を対象とした教育機関。司法研修院（司法研修所）とは異なる。

ンターネットやメディアによって瞬く間に拡散されることに加え、罪を犯す年齢が以前に比べて下がった影響です。同じ犯罪でも行為者が成人か子どもかによって感じ方は変わります。犯罪行為者の年齢が低下しているため、衝撃がさらに大きいのです。

　当然ながら、犯罪の発生件数が減っているからといって、青少年犯罪が深刻ではないという意味ではありません。殺人をゲームのように楽しみ、犯罪事実を悪びれもせず、外部に公開し相談までする姿は、我々の想像を軽々と飛び越えていきます。こうした常識外れな行動は、子どもたちの未熟さを教えてくれる反面、共感力や倫理観の欠如がいかに恐ろしい結果を招くのか、まざまざと見せつけます。言葉や行動、身体的な発育状態は大人と変わらなくても、判断能力や共感力、道徳性などはゼロに等しいのです。こんな子どもにしたのは一体誰でしょうか。

　子どもは親を見て育つものです。親の姿をそのまま真似するという意味です。さらに、子どもは自分が目にした世界を

心に刻み、追随します。すなわち、問題児の背後には、問題のある親と社会が存在するのです。どんな言い訳をしようと、今の社会像は我々「大人」がつくり上げたものです。家庭で一次的に暴力を覚える社会、暴力を重大視せずに容認する社会で、子どもたちは果たして何を学ぶことができたのでしょうか。

すでに多くの子どもが、一人の人間として、相手の痛みや悲しみに共感する能力を失いつつあります。加害者は、自分が事件をSNSに投稿することでどんな状況が発生し、どれほどの影響を及ぼすのか、被害者が負わされる傷、どれほど人格権を侵害する行為なのか、全く想像できなかったはずです。血を流しながら苦痛を訴える相手の痛みを感じられないほど、共感力を失ってしまった子どもたち。そんな彼らを厳罰に処し、社会から引き離したところで、問題は解決するでしょうか。これだけで、ほかの青少年はずっと安全な環境で生きていけるでしょうか。それは難しいでしょう。「最近の若者は全くなってない」「最近の10代は怖い」と型にはめる前に、大人自身が反省すべきときに来ているのです。

楽しい学校？　災難学校？

　いつからか韓国社会における学校は、楽しい空間から災難を生み出す空間に変わっているように思えます。「学校」と「暴力」という全く似つかわしくない２つの単語が組み合わさり、「学校暴力」という不細工な造語が生まれたことからも、今日の学校が直面している危機的状況を推測できます。とはいえ、初めから恐怖を抱いたり、過敏反応したりする必要はありません。学校暴力が起きている状況やその特徴について知ることで、万が一に巻き込まれても落ち着いて対処できます。

　学校暴力の定義は、『学校暴力予防及び対策に関する法律[51]』（以下「学校暴力法」）第２条第１項に詳しく規定されています。かいつまんで説明すると、学校暴力は「学生[52]を対象」とした「暴力」にまとめられます。すなわち、被害者が学生で、被害の内容が暴力であれば学校暴力に該当するわけです。ま

51　2004年に制定され、国を挙げたいじめ対策が始まった。その後、たびたび改正されている。
52　日本の教育法制では、「学生」は大学をさし、高校生と中学生は「生徒」、小学生は「児童」と呼ばれている。韓国の学校暴力法の「学生」はこれらを総称するものであるが、本書の訳出では、韓国の用語法をそのまま用いることにする。

ず被害者が学生であることが前提なので、加害者が学生か否かは法規定上、学校暴力であるか否かを決定する要素ではありません。次に、非行の内容は「暴力」と定められており、窃盗や詐欺は被害者が学生であっても、学校暴力に該当しません。学校内で起きる暴力だけが問題になると思われることが少なくありませんが、登校前や放課後に校外で起きる暴力も、学生が被害を受けた場合はすべて学校暴力に含まれます。それでは、次のような場合はどうでしょうか。学生が放課後にオートバイを盗んで暴走しました。これは学校暴力に該当するでしょうか。答えは「いいえ」です。オートバイを盗むことは「暴力」ではなく「窃盗」に当たり、暴走行為は暴力に該当しますが、被害者は学生ではなく、不特定多数の市民だからです。暴走して事故を起こした場合でも、事故の内容によって傷害や道路交通法違反など、ほかの罪名が科されることはありますが、学校暴力とは関係がありません。

　それでは、具体的にどんな行動が学校暴力に該当するのでしょうか。

　一般的に暴力とは物理的な力を利用して、他人の体に傷を

負わせることだと考えられています。しかし、物理的な接触がなくても、他人を傷つける言葉や行動はすべて暴力です。学校暴力にも同じことが言えます。暴行や殴打など、身体に加えられる暴力のみならず、言葉の暴力、集団でのいじめのような精神的、心理的な暴力も学校暴力に含まれます。学校は異なる環境にいる子どもたちが狭い空間で長時間をともに過ごす場所なので、様々な理由やかたちで暴力が発生する可能性があります。こうした問題を未然に防ぎ、劣悪な環境に置かれた学生たちを保護するために、法律で学校暴力の範囲を規定したのが、いわゆる「学校暴力法」です。

　学校暴力法に規定された学校暴力は、「学校内外での学生を対象に発生した傷害、暴行、監禁、脅迫、略取・誘引、名誉棄損、侮辱、恐喝、強要、強制的な使い走りや性暴力、いじめ、サイバーいじめ、情報通信網を利用したわいせつ・暴力情報等により身体・精神または物的損害を伴う行為」（学校暴力法第2条第1項[53]）です。一見すると複雑で難しそうですが、原則さえ理解すれば簡単です。相手が望まない行為を持続的に行ったり、無理やり何かをさせたり、要求したりす

53　2023年10月24日に改正され、「学校暴力」の定義に若干の変更があった。「『学校暴力』というのは、学校内外での学生を対象に発生した傷害、暴行、監禁、脅迫、略取・誘引、名誉棄損・侮辱、恐喝、強要・強制的な使い走り及び性暴力、いじめ、サイバー暴力等による身体・精神または財産上の被害を伴う行為をいう」

ることは、その行為の重さにかかわらず、すべて学校暴力に該当するという理解で問題ありません。

　たとえば、嫌だと意思表示をしたにもかかわらずペンで突っついたり、唾を吐いたり、ウインクするなど、望まない行動を何度も繰り返すことは、いくらいたずら心であっても学校暴力に該当します。その程度では処罰に至る可能性は低いですが、確かなのは、処罰の有無にかかわらず、相手が嫌がる言動を繰り返すことは、すべて暴力に該当するということです。

　しかし、現実に私たちが恐れるのは、唾を吐くことや単純な悪口等ではなく、暴行や脅迫、集団いじめのような深刻な学校暴力です。前に挙げたような状況は比較的対処しやすい反面、深刻な学校暴力は１人の力では対処が難しく、被害の程度が重いからです。被害を受けた学生からすれば、どんな暴力も望まないでしょう。でも、同じ暴力といえど、程度の差はあります。たとえば、顔に唾を吐きかけられたら頭にきますが、死にたくなるほどつらいかといえば、それはわかり

ません。しかし、一年中、同じクラスの学生にいじめられた
り、誰かに脅迫されてお金を取られたり、殴られたりしたら
どうでしょうか。そして、そんな状況で誰にも助けを求められ
れず、助けてくれる人もいなかったら、命を手放したくなる
ほどの苦痛を感じるに違いありません。

　それこそが学校暴力の恐ろしさです。実際に、苦痛に耐え
きれず自殺を選択する子どもたちがいます。一体全体どんな
暴力を受けて、子どもたちは自殺を選ぶに至ったのでしょう
か。何とか命拾いしたとしても、学校暴力の被害に遭えば、
加害者に対する憎しみや敵愾心に苦しんだり、うつ病になっ
たり、後遺症は深刻です。どうすればこうした問題から、自
分自身を安全に守れるのでしょうか。対処方法を考える前に、
学校暴力の特徴を正確に理解する必要があります。

　学校暴力には、他の暴力や犯罪とは異なる固有の特徴があ
ります。それは関係性、持続性、公然性です。まず「関係性」
は見知らぬ人ではなく、知り合い同士という関係のなかで暴
力が発生するという意味です。たまたま通りすがりに強盗や
暴行の被害に遭った場合、加害者と被害者が知り合いである

可能性はないに等しいと言えます。それにひきかえ、学校暴力は学校で出会った同級生や先輩・後輩、またはその周辺人物との間で発生します。よく知る相手でも、力関係によって決まった序列は水平的な関係とは言い難く、傾いた関係とでも言いましょうか。問題は、学校という共同体のなかで結ばれたこの関係が嫌でも、顔を合わせ続けなければならないことです。普通は嫌いな人と会うだけで苦痛を感じるものです。それならば、故意に自分をいじめる人と毎日のように会わなければならない心情はどれほどでしょうか。さらに重大な問題は、関係性という特徴により、暴力が一度で終わらず、続く可能性が高いことです。

　これが学校暴力の2つ目の特徴である「持続性」です。悪いことや、つらいことがあっても乗り越えられるのは、すでに終わった過去だと知っているからです。ところが、学校暴力は学校という共同体が前提にあるため、関係を完全に断ち切らないかぎり、過去のことにはなりません。ほぼ毎日顔を合わせるうえに、一度結ばれた関係性は容易に変わらないため、被害者はいつまでも被害者なのです。「鞭は何度も打た

れるより一度に打たれるほうがましだ」という言葉からも分かるように、軽い暴力でも持続的に受ければ、被害者の精神的、心理的な衝撃は計り知れません。「ばか」という言葉は日常的によく使われますが、クラスの子たちに毎日のように「ばか」と言われたらどうですか。言葉の暴力は珍しくないという理由で見過ごされがちですが、学校暴力の類型で最大の比重を占める暴力なので、軽く考えてはいけません。

　学校暴力の３つ目の特徴は「公然性」です。公然性とは「不特定多数の人が見られる場所であからさまに起きる」ことを意味します。一般的な犯罪は人目を避けた場所で起きる一方、学校暴力は意図的であるかはともかく、複数人が見ている場所で、大っぴらに起きる場合が多いのです。ここには韓国社会の序列文化が潜んでいます。大勢の前で力を誇示しようとする心理が内包されているからです。ところが、これら学校暴力の特徴が原因で、被害を受けた学生は暴力による一次被害に加え、差恥心や屈辱感などの二次被害にも苦しめられます。

　一次被害も問題ですが、二次被害による問題はさらに深刻

です。自尊心が粉々に打ち砕かれ、精神的、心理的に大きな打撃を受けるためです。こうなると憎しみや敵愾心から相手に対する報復を決心するか、反対に無力感と劣等感に陥って、精神的奴隷の状態で生きていくことになりかねません。ショックが原因で、「ストックホルム症候群[54]」のように加害者に親密感を覚える特異な症状が現れることもあります。いずれにせよ、望ましい方向とは言えないでしょう。

　上記のような学校暴力の3つの特徴は、それぞれ独立して現れるのではなく、密接に関わっているため、被害を受けた学生をさらなる苦痛に陥れます。実際に、メディアで報道された事件の中にも、同様の問題で学生が自殺に至ったケースがありました。中学生のころから持続的にいじめを受けていた学生が、加害学生と同じ高校に進学することになりました。その学校は全寮制だったので、24時間いじめられるかもしれないという絶望感から、高校入学のわずか1週間後にみずから命を絶ったのです。中学校に通っていたころは、授業が終わって帰宅すれば加害学生たちの暴力から逃れられましたが、高校では毎日、加害学生と学校にいなければならず、耐

54　誘拐や監禁などの被害者が、加害者と長時間にわたり時間や場所を共有することで、加害者に対し好意や共感、信頼や連帯感などの感情を抱く現象。1973年にストックホルムで起きた人質立てこもり事件から名付けられた。

えられなくなってしまったのです。この事件は、学校暴力が一人の子どもの魂を粉々に破壊してしまう事実をまざまざと見せつけました。学校という空間が、その学生にとっては生き地獄だったのです。その学生が自殺に至るまで、周囲は何をしていたのでしょうか。周囲の無関心と傍観が彼をさらに苦しめてしまったのではないでしょうか。

　学校暴力を扱った『しらんぷり』[55] という絵本があります。1人の男の子が同じクラスの数人の男の子にいじめを受けますが、同級生たちはしらんぷりを決め込んで傍観します。主人公「ぼく」もその1人でした。ところが、間もなく自分もいじめられていた男の子と同じ状況に直面しました。そしてようやく「ぼく」は、暴力を前に口をつぐみ、傍観することが、いかに恥ずかしく誤った行動だったのか、はっと気付くのです。「ぼく」がいじめられる子を見てしらんぷりしたように、周りの子どもたちも「ぼく」の状況を見て見ぬふりをしました。

　驚くことに、絵本に描かれた子どもたちの姿は現実とあま

55　梅田俊作・佳子『しらんぷり』（ポプラ社、1997 年）。韓国語訳は 1998 年に刊行。

りにも似ていました。内面の混乱と怒りをほかの暴力で表出する姿は、学校暴力の被害者たちとほとんど変わりません。実際に被害者から加害者に変わっていく子どもは多いです。また子どもが助けを求めるときは無関心なくせに、問題が起きると他人に責任をなすりつけ、責任逃れをしようと必死な大人の姿は、今日の韓国社会の姿そのものです。普段は興味すらないのに、問題が起きると「最近の若者の問題」という先入観で、学校暴力の原因があたかも子どもたち個人の人となりにあるかのように決めつける大人が多すぎます。

　しかし、学校暴力は単に加害学生を訴えたり、処罰したりするだけで解決するものではありません。学生と親、学校、地域社会みんなが力を合わせて暴力が起きる根本的な原因を改善し、被害学生がひとりで、息を殺して泣くことがないように、積極的に手を差し伸べ、解決策を探らなければなりません。それこそが、未来ある子どもたちがみずから命を絶つという惨憺たる現状から脱却し、学校も子どもたちも健全にする道なのです。

ともに痛みを分かち合えますように

　すでに言及したように、少年法の廃止を求める声が高まった背景には、別の理由もあります。被害者の立場になって考えれば、加害者に対する処罰は重くするべきで、そのためには少年法の廃止が不可欠だというのです。このような主張の根底には、加害者に対する厳罰のみが、被害者のための最善の配慮であるという考えがあります。しかし、それだけが被害者のためになるのか、もっと慎重に考える必要があります。

　さらに言えば、加害者に対する厳罰だけで、被害者の傷が癒え、回復するに違いないという考えは誤りです。加害者に対する厳罰、被害者に対する制度的措置に限界があるとすれば、限界の向こうにいる被害者への配慮は社会共同体の役目だからです。根本的な解決策は、被害者の苦痛を社会全体で分かち合うことです。

その意味で、少し前に釜山女子中学生集団暴行事件の被害者Hと、法廷で会った日の出来事を紹介します。

　Hは暴行事件の発生直前に起こした軽い非行のことで法廷に立ちました。小柄で幼さの残る少女が母親とともに法廷に入ってきたとき、真っ先に目に飛び込んできたのは、暴行による傷を治療するために切った髪でした。幸い傷は完治し、頭部の傷痕は全くわかりませんでした。

　事件について手短に質問したあと、最近の暮らしぶりと学校に関して聞くと、現在は家で過ごしており、春には３年生に進級する予定だと答えました。

　「君に暴行を加えた子の中で一番恨んでいるのは？」

　「Ａ、Ｂ、Ｃ、Ｄの４人のうち、ＡとＢが一番憎くて、その次がＣで、その次がＤです」

　「Ｃとは今でも連絡を？」

　「はい、連絡しています」と答えたので

　「今、Ｃが法廷の外に来ているんだが、中に入ってもらおうか？」と聞くと、彼女は何も言いませんでした。

外で待っていたＣを呼びました。Ｃは事件発生当時の年齢が13歳だったので、釜山家庭法院少年部に送致され、すでにほかの判事から2017年12月頃に、少年保護処分を受けていました。そのため、その日のＨに対する審判に出席する義務はありませんでしたが、私が要請したところ、自発的に法廷の外まで来ました。審判の前に、被害者とＣがある程度仲直りしたようだと人から聞いていたので、その人に今日の審判にＣを連れてくるよう頼んでおいたのです。一方でＣを見てもＨには少しも動揺した様子がありませんでした。

　Ｃに「○○、ごめんなさい。許して」と10回叫ぶように言いました。Ｃは素直に従いました。

　「○○、ごめんなさい。許して」

　「○○、ごめんなさい。許して」

　ところが、きまりが悪かったのか、Ｃの態度が不真面目に見えたので、大きな声で怒鳴りました。

　「そんなに誠意がなくていいのか？　心を込めて謝りなさい」

　すると、Ｃははっとしたように心から許しを請い始めまし

た。

「○○、ごめんなさい。どうか許して」

「○○、ごめんなさい。どうか許して」

　繰り返し叫ぶうち感情が込み上げてきたのか、Cは泣きだしました。その後も泣きながら許しを請いました。

「○○、ごめんなさい。どうか許して」

「○○、ごめんなさい。どうか許して」

　10回叫び終えると、Cはこちらが指示してもいないのに、自分から

「○○、あなたの気持ちも考えずにたたいて本当にごめん」

と謝りました。そこでHに尋ねました。

「本当にCと仲直りをしたのか?」

　今度はHも泣きながら答えました。

「はい、本当です。Cがフェイスブックで、何度もごめんと謝ってくれました。本気で悪かったと反省しているようだったので、許すことにしたんです」

　その後、Hの母親に

「Cに言いたいことがあればどうぞ。何でも構いません」

と言いましたが、意外にも何も言うことはないと答えたので、驚いて聞き直しました。

「本当に何もありませんか？」

二度目の質問にも、Hの母親は淡々と「ありません」と答えました。娘が許したからなのか、母親の怒りも和らいだようでした。Hに保護者に委託する処分を下し、Hと母親に青少年回復センターの入所者を対象にした、体と心を治癒する「二人三脚メンタリング旅行」に参加してみてはどうですかと提案すると、快く参加しますと答えました。

それからHにCと抱き合うように言うと、2人はわっと抱き締め合って涙を流しました。たとえ感情が込み上げても法廷で泣くことはなかった私ですら、2人が仲直りする場面には胸がいっぱいになり、思わず涙を拭いました。それでも法廷を出ていく母親と2人の少女の姿が心に残り、しばらく休廷を余儀なくされました。

午前の審判を終えて昼食をとったあと、心を落ち着かせがてら喫茶店でお茶を飲んでいると、Hと母親が二人三脚メン

タリング旅行のメンターと一緒に来ました。Hへの痛ましさから、また胸がちくりと刺されるようでした。そこでHに言いました。

「○○！　私の娘にならないか」

すると、Hはにっこりと笑いました。嫌がる様子はなかったので、電話番号を交換して携帯電話で写真を撮って言いました。

「まだ誰かにいじめられたら、この写真を見せてやりなさい。そして、つらいときは私に連絡するんだよ」

それから午後の審判に向かうため、彼女と別れました。笑顔で別れましたが、それまでHが受けてきた苦痛を考えると、判事室に戻る足取りは軽くありませんでした。Hが二人三脚旅行で済州島に出発する前日の晩に、カカオトークでメッセージを送ってきました。彼女の状態がだいぶ回復したようで、少し安心しました。Hのメッセージの一部を紹介します。

正直な話、Cのことを許すべきじゃないけど、少しも一緒に過ごした思い出を考えると、すごく心が痛かっ

たです。だから、Ｃに土下座をされるのも嫌だったし、泣きながら謝られて、わけもなくありがたい気持ちになったし、友達に土下座するなんてプライドが傷つくことなのに、申し訳なくて、でも嬉しかったです。今まで、たくさん涙を流してきて、もう泣けないと思ったのに、Ｃがひざまずいた瞬間に涙が出て、判事さんがあのときのことを話した瞬間、泣きそうになりました。笑っているときでも、何でもないときでも、あの話になると、少しでも考えると涙が出そうです。Ｃが本心だったかどうかは別として、私は本心として受け取るつもりです。Ｃも気苦労が多かったのだろうかと思うと、本当に申し訳ない気持ちと感謝の気持ちが湧いてきます。

……審判で判事さんに、誰が一番憎いか聞かれたとき、本当は自分自身だと言いたかったです。でも、後ろで母が私を見てたので、私の口からそんなことを言ったら母が悲しむかと思って言えませんでした。だから今になって言います（笑）。私はＡ、Ｂ、Ｃ、Ｄの誰よりも自分が一番憎いです。そして、今まで私の過ちで被害を受けた

方々に心から申し訳ないです。いまさら後悔したところ
で、何も元どおりにはなりませんが、一生を通じて反省
していくつもりです。私は今回のことは、自分が今まで
犯してきた間違いに対する罰だと思います。

　またチョン・ジョンホ判事の本を読んでますが、とて
も感動的で、本を読みながら自分の過ちについて改めて
考えさせられました。機会があれば、もう一度読みたい
です。これから私は真面目に生きていくので、判事さん
に会うことはないと思います。でも、たまに会いたいです。

　夢を叶えることは、それをしていると楽しくて幸せで、
体中の血がたぎることだと教わりました。私にとって、
それは母が私のことで幸せになること、私のせいでつら
い思いをしないこと、泣かないこと、ただそれだけです。
これからは朝起きたら、今日の目標はこれだ、と目標を
持って、意欲的に1日を始めるつもりです。何があって
もめげず、すべてを乗り越えていきます。私にはできま
す。そして、友達よりさらに家族のことをもっと大切に
します。たとえ私が何をしても、最後に私のそばにいて

くれるのは家族だからです。

　最後に、もう一度自分と向き合う時間をくれた判事さんに心から感謝します。

　その後も私はHと連絡を取り続けました。中学２年生だったHが学校に復帰し、学業を終えることが何よりの最優先の課題だったからです。釜山女子中学生集団暴行事件が発生したとき、Hの累積欠席日数は60日に達しており、あと３日欠席すれば原級留置で次年度も２年生として通わなければならない状況でした。ところが、それまでHが一緒にいた友達は学校になじめず、彷徨するいわゆる「非主流」の子どもたちだったので、「主流」の子どもが多い学校に戻り、学業に励むのは、Hにとっては簡単なことではありませんでした。

　ましてや暴行事件で世間の注目を浴びていたため、学校の友達や先生たちの厳しい視線にも耐えなければなりませんでした。心の負担は非常に大きかったでしょう。それは暴行事件で受けた傷の治癒や回復とは別問題でした。そこで、私は少しでも彼女の力になれればと、「誰かにいじめられたら、

この写真を見せなさい」と応援し、その後もメッセージや電話で交流を続けました。また奨学金を募って彼女に贈りました。

2018年3月、Hは無事に中学3年生に進級しました。そして、2018年5月のオボイナル[56]にHが判事室を訪ねてきました。髪がきちんと生えそろった彼女はかわいらしかったです。手には小さなカーネーションが握られていましたが、照れくさかったのか、黙って花を差し出しました。その日の夜、彼女と一緒に夕食を食べたあと、小さなプレゼントを渡して別れました。足早に地下鉄駅に向かう彼女が健気でなりませんでした。

2018年12月にHがカカオトークで近況を伝えてくれました。

「判事さん、面接を受けて合格しました」

中学校を無事に卒業し、高校に合格したという知らせを聞き、あまりに嬉しくて胸が弾みました。人生の山場を越えた彼女にエールを送りました。高校でも苦難を乗り越え、無事に終えられることを心から祈りました。

Hのような被害者を本当の意味で助けることが、どういう

56　毎年5月8日、両親に感謝の気持ちを伝える日。「オボイ」とは父母を合わせた言葉。父母感謝の日。

ことか考えたことはありますか。加害者に嫌悪の目を向け、厳罰化を請願し、ニュース記事にコメントを書き込むだけで、被害者の傷は癒えて回復するでしょうか。そうではありません。それだけでは足りません。

　犯罪被害者を支援する方法はほかにもあります。犯罪被害者のための構造的な制度をきめ細やかに整備し、被害者が制度の不備によって、保護ネットワークからこぼれ落ちることのないようにすると同時に、制度が機能しなくなった場合は社会共同体の構成員が進んで痛みを分け合い、苦痛から解放されるように支えるべきです。

　釜山女子中学生暴行事件の発生当時、大多数の市民の関心は加害者の厳罰に偏っていました。被害者の家庭や学業への復帰に目を向ける人はほとんどいませんでした。これからは、広い視野をもった品位ある大人が増えることを願っています。人と同じ方向を見つめて怒りを表出するのではなく、人が見ない場所に目を向け、広い心で小さな支援の手を差し伸べられる真の大人が増えてほしいです。

人間のための法と正義

　普通の人にとって法廷は、テレビドラマや映画などでしか見られない、なじみのない場所です。法廷に行ったことがある人よりも、法廷の敷居を一度もまたがずに生きていく人のほうが圧倒的に多いです。そのため、法廷を禁断の領域だと考える人もいます。足を踏み入れてはいけない場所、遠ざけるべき場所だと考えるのです。でも、実は法廷も私たちの生活の一部に過ぎず、異様な場所でも、わざわざ遠ざける場所でもありません。

　法廷は文字どおり法を扱う場所を意味します。法とは何なのか、なぜ必要なのでしょうか。それは人間が社会的な動物だからです。無人島で一人、自給自足の暮らしを送るなら、服も法も必要ないでしょう。しかし、人間は社会を形成し、集団生活を送り、複雑な関係のなかで生きていきます。そし

て、大勢がともに暮らす場所では、常に大小様々ないさかい
が起きるものなのです。

　たとえば、ロビンソン・クルーソーが無人島に着いて1人
で暮らしている間は、素っ裸でいようが、真夜中に大声で歌
おうが、人に迷惑をかける心配がないので、行動に何の制約
も受けません。しかし、2人以上で暮らす場合は話が変わっ
てきます。ロビンソン・クルーソーが先住民のフライデーに
出会ってから、彼の暮らしは必然的に制約を受け始めました。
そうした制約は、守るべき規則として定着していきます。こ
のように、よりよい社会を目指して、社会の構成員の合意に
従って定められた規則や約束事を「法」と呼びます。すなわ
ち法は「関係の準則」なのです。

　また、法は誰かを処罰したり、抑圧したりするためにある
のではなく、社会共同体のすべての構成員の権利を守り、保
護するためにつくられました。特に、社会的弱者を保護する
ことに重点を置いています。

　法が社会的弱者を保護すると聞いて、首をかしげる人もい
るでしょう。法は強者の味方だと考えるからです。「有銭無罪・

無銭有罪（お金があれば無罪、お金がなければ有罪）」という言葉が社会現象[57]になったことがありますが、この言葉も同様の考えから生まれました。それでは、法は本当に強者の味方なのでしょうか。結論から言えば、違います。

むろん、社会的に影響力を持つ人たちは、法についてより詳しく身近なので、法を悪用する素地があるのは事実です。とはいえ、法制度全体を非難されたり、法が権力者の専有物だと思われたりしては困ります。もしも法がなかったら、被害を受けるのは強者よりも弱者である可能性が高いからです。

力があるということは、法の有無に関係なく、自分が望むものを手に入れられることを意味します。「力の定義」というわけです。肉体的な力であれ、お金の力であれ、後ろ盾による力であれ、彼らは相手より有利な位置で戦いを始められるでしょう。ともすれば、彼らにとって法は自分たちの力を行使するうえで邪魔になる、障害物かもしれません。様々な規制がありますからね。一方で弱者はそうではありません。納得のいかないことをされても、法のほかに訴える先がない人たちが弱者です。したがって法は私たちの味方なのです。

57　ソウルオリンピックが開催された 1988 年 10 月、永登浦刑務所に収監されていたチ・ガンホンと 3 人の受刑者が移監中に護送車から脱走する事件が発生した。チ・ガンホンには前科があり、560 万ウォンを盗んだ罪で懲役など 17 年間の収監生活を余儀なくされた。それに対し、数百億ウォンに達する巨額の横領や脱税を行ったチョン・ギョンファン（チョン・ドゥファン元大統領の実弟）はわずか 7 年の懲役刑を宣告された。チ・ガンホンはこのことに不満を抱いて脱走事件を起こし、その動機を「有銭無罪・無銭有罪」という言葉で表した。

それでは、法の正義について考えてみましょう。「正義」を意識するのは、ひどく屈辱的で不当な目に遭ったときです。四方八方を暗闇に覆われ、初めて光の大切さに気が付くように、不当な目に遭って、初めて正義の価値を知るのです。法と正義の問題は判事である私も常に考えさせられる課題です。ある日、私が少年院に送致する9号処分を下したスンチョルという男の子が法院を訪ねてきました。少年院生活のことなど、他愛ない話をして別れましたが、その2日後にメールが届きました。私と会ったときは緊張して聞けなかったことがあると、スンチョルがメールを寄こしたのでした。

　　判事さん、僕は少年院にいる間に大勢の処分内容を聞きました。毎日、耳にした審判の結果を一つひとつ書き留め、同じ判事さんから下された罪名や罪質などを比較して、平衡性の問題をじっくりと考えてみました。ある時、お菓子を盗んだ子が少年院に2年間送られる10号処分を受けたのに、特殊強盗[58]を働いた別の子は比較

58　夜間に住居や建造物、船舶などに侵入して強盗を働くこと。または凶器を携帯したり、2人以上で共謀し強盗を働くこと（刑法第334条）。

的軽い処分を受けて社会に戻されたという話を聞きました。何というか、何かが食い違っていて、おかしいと思いませんか？

　彼なりに審判の公正性に疑問を呈したスンチョルに、私は次のような質問で返しました。

　　スンチョル、君の意見はよく理解できる。君が疑問を持った部分については、私の本にある程度答えを書いておいたから、熟読して答えが見つかるまで何度も読んでみてくれ。それから、私からも１つ質問をしよう。今まで数十回の非行を重ねた子がお菓子を盗んだ場合、非行の前歴が全くない子が初めて特殊強盗に及んだ場合、２人にどんな処分を下せばいいだろうか？

　スンチョルの素朴な疑問は判事の職と裁判の核心を突いていました。判事にとっての裁判は、その手続きと結果が法に違背していないかぎり、適法とされます。ところが、個別事

件における裁判手続が不公平に行われたり、別の事件の裁判結果と比較して偏差が大きかったりする場合は、裁判の公正性を疑われます。さらに言えば、裁判が適法で公正でも、正義の観点からは受け入れ難い裁判があります。つまり、国民は判事の裁判を「適法な裁判」「公正な裁判」「正義の裁判」に分けて見ているのです。判事が最終的に達成したい目標であり、主権者である国民も期待しているのが、裁判によって正義を打ち立てることです。

　裁判が正義に基づいているか判断する前に、正義そのものについて理解する必要があります。ひと言では語れませんが、私が考える正義は、「生命、自由、所得と富、権利と義務、権力と機会、職務と栄誉」など、いわゆる「社会的価値」の分配状態に対する評価と改善に関わる問題です。より細かく言えば、正義の問題は、社会的価値を各自の取り分に合わせて分配し（分配）、分配された取り分について独占的、排他的に占有させ（享有）、占有に問題が発生した場合はそれを正し（是正）、分配された取り分の格差が大きい場合は、取り分の格差を縮小する（再分配）ことです。

例を挙げて説明してみます。Ａが両親から携帯電話をプレ
ゼントされました（分配）。その携帯電話はＡに分配された取
り分なので、他人がＡからその携帯電話を奪って使う権利は
ありません（享有）。ところが、Ｂという子がＡの携帯電話を
奪って使い始めました。このとき、ＡはＢに携帯電話の返還
を求める権利があり、万が一の場合は公権力を借りて取り戻
すこともできます（是正）。しかし、ＢがＡの携帯電話を奪っ
たのは、Ｂに携帯電話を買うお金がなかっただけでなく、携
帯電話を買ってくれる保護者や親戚がいなかったからでし
た。この場合、Ｂの再非行を防ぐ方法は、誰かがＢに携帯電
話を買ってあげることで、これは再分配の問題だといえます。
司法的正義における主な関心事は、分配される取り分を享有
するうえで問題がないか、あるとすればどうやって是正する
かにあります。言い換えれば、権利が正当に行使され、義務
がきちんと履行されているか、権利の行使と義務の履行に問
題が生じた場合は国家の執行権や刑罰権によって、適正に是
正されているか等の問題を主に扱うのです。

しかし、司法的正義の領域だけで判断してしまえば、「正義の裁判」とは言い難い裁判があります。それは司法と福祉が相まみえる少年審判です。例を挙げましょう。父親から深刻な家庭内暴力を受け、家庭が崩壊して母親と暮らしていた中学1年生の双子の兄弟が、母親のうつ病等が原因で、家庭で十分なケアを受けられず、常習的に窃盗を繰り返して裁判を受けることになりました。この場合、兄弟が幼く、非行の程度が軽微だという理由で何の措置も講じず、母親に委託する処分を下したとしたら、その裁判は果たして正義の裁判と言えるでしょうか。この事案では、再犯防止の観点から国家と社会が積極的に「代案家庭[59]」などを用意してあげるのが、本当の意味での正義と言えるのではないでしょうか。

　もう1つ別の例を挙げてみます。両親の離婚がきっかけで、母親と暮らしていた少年が家出をし、宿泊費と食費を調達するためにインターネット物販詐欺を働いて300万ウォン相当の被害を負わせ、少年審判を受けることになりました。法廷に立った少年の母親は大家の許可を得て、財産である賃貸保証金300万ウォンを返してもらい、被害の弁償をすると

59　親の離婚、家出、家庭内暴力、貧困など、様々な理由で家庭から保護を受けられない子どもたちを中長期的に保護する小規模グループホーム。共同生活を通して、家庭への復帰や自立の支援を行う。養護ホーム。

述べて軽い処分を訴えました。母親は住んでいた部屋を引き払って、粗末な月払いの部屋に引っ越してまで、被害を弁償したのです。

　少年が詐取したお金は、必ず被害者に返されなければなりません。被害回復について何の措置も講じずに放置することは、少年に免罪符を与える格好になり、これは正義の原則にも反します。被害回復の過程で、少年とその家族に過酷な結果がもたらされるとしても、何よりもまず被害回復させるよう勧告しなければなりません。これが是正的正義です。

　少年の母親は私の勧告に従い、自分の全財産をはたいて息子の犯した非行についての原状回復を終えました。そこで、少年に対する保護観察を条件に、母親に委託する処分を下しました。ところが、少年と母親にとっては処分のあとからが問題でした。少年の再非行を防ぐためには、少年と母親への福祉的支援が伴わなければなりません。少年の自立を目指す学業の履修や職業教育の実施など、教育的支援も不可欠です。経済的弱者である少年家族の立場を鑑みて、分配構造に調整を加えること、これが分配的正義です。

今日の社会では社会的身分の平等と政治的平等は達成されましたが、経済的平等はいまだ課題として残っています。分配の不平等を解消していくための努力は続いていますが、もともとのパイの大きさが変わらない以上、誰かの譲歩が必要な場合には合意に至るのが困難です。現実的に、全員が満足するような分配法則をつくることは不可能に近いのです。それでも、「社会共同体を通して、よりよい生活を実現するという点で利害が一致する」というアメリカの哲学者ジョン・ロールズの見解を受け入れるとすれば、現在より少しでもよい分配システムを実現するために努力し続けることが最善かつ唯一の道ではないでしょうか。

扉が1つ閉まれば、別の扉が開く

　フランスには「スイユ（Seuil）」という非行少年のための歩き旅プログラムがあります。非行少年が成人のメンターと2人で3か月間、1,600キロメートルを歩く旅を完遂しなければなりません。無事に旅を終えると判事や裁判所の職員、関係者たちが盛大なパーティーを開いてくれます。歩き旅を終えた青少年の再犯率は15％と、一般の非行少年の再犯率85％を大きく下回ったそうです。著書『歩き旅礼賛』で知られる人類学者ダヴィッド・ル・ブルトンはスイユを支持し、「歩くことは自分の問題に向き合う内面の旅である。歩くことは、子どもたちが自身の過去と決別し、自分を取り囲む壁に窓を開ける内面の力を与えること」であると述べました。

　私もまたスイユが目指すところに大きく心を動かされ、2015年から「社団法人万事少年」と支援者の支持のもと、

子どもたちと「二人三脚歩き旅」を行っています。2人が片方の足をひもで結び、一緒に走る二人三脚のように、心を一つにして歩き旅をするという意味で名付けました。目標を決めて計画を立て、慣れないルーティンに耐え、同行者と会話をしながらケアを受けるといった、歩き旅の一つひとつの過程が、子どもたちには非常に貴重な経験です。途中で諦める子もいれば、不満を漏らす子もいるでしょう。旅が終わっても、大して変わらない子だっているかもしれません。たとえそうでも、誰かに投げ与えられた道ではなく、自分で選択した道を歩く経験は、子どもたちが人生の方向性を探る足がかりになるだろうと考え、歩き旅プログラムを実行しました。

2020年12月時点で、合計31人の子どもが8泊9日間かけて、済州島のオルレキル[60]を歩く二人三脚歩き旅に参加しました。二人三脚歩き旅の本質は、1対1で8泊9日間かけて歩くことにあります。国土巡礼の旅など、通常の徒歩旅行は集団で実施されます。集団での旅行にはメリットも多い反面、看過できないデメリットがあります。集団で旅に出ると、プログラムに積極的に参加する子どもと、そうでない子

60　山や渓谷、海など自然の地形を生かしたトレッキングコース。代表的な済州オルレキルは全長400キロメートルを超える。

どもの間に目に見えない溝が生まれ、全員が必ずしも尊重され、ほかの子どもと比べられて仲間外れにされる子が出てくる可能性が高い点です。

　一方で二人三脚歩き旅は、一人ひとりを尊重するための旅です。1日に決められた15キロないしは20キロの距離を歩くというルールを除き、残りの時間はすべて子どもたちに主導権を与えます。毎回の食事のメニューを子どもが優先的に選択でき、ほかの参加者と歩いた距離を比較されることもありません。また、二人三脚歩き旅の期間は必ず8泊9日に定めるのが原則です。まれに4泊5日の旅を提案されますが、その日程では子どもたちに、山場を乗り越える経験をさせられない可能性が高いのです。そんな旅は、それこそ旅行であって、人生の逆境に打ち勝つ力を培う歩き旅ではありません。フランスのスイユに比べれば短い期間ですが、旅に参加した子どもたちは、通常5日から6日目に山場を迎えます。その山場を無事に越えられた子どもたちは、驚くべき生命力の回復を見せます。

このような方法で行った結果、二人三脚歩き旅に参加した子どものほとんどに、生活面の大きな変化が見られました。うつ病の薬がないと何も手につかなかった子が、旅を終えて帰ってから薬の服用をやめ、普通の子どもたちと同じ生活を送れるようになり、主治医を驚かせたこと。精神病院に5、6回、入退院を繰り返し、児童養護施設の先生たちを悩ませていた子が通常の生活を取り戻したこと。母親とそりが合わず、学業を中途で放棄し、絶望の日々を送っていた子が旅から戻ったあと、母親との関係を修復し、楽しそうに夢を追いかけ始めたこと。児童虐待を受けた影響で暴力的な一面を見せていた子が、旅から帰って自分の感情をコントロールできるようになったこと。母親との関係で葛藤し、家を飛び出して売春をしながら、絶望の淵に落ち込んだ子が旅から戻ったあと、回復して高校を卒業し、希望の大学に入学したこと。言葉では言い尽くせないような奇跡が起きました。8泊9日間の短くも長いこの旅が、子どもたちにとって大きな祝福であることは間違いありませんでした。

　子どもたちにだけ祝福がもたらされるわけではありませ

ん。８泊９日という時間を割いて旅に参加した誰もが、「この二人三脚歩き旅は、私の人生で、特別で大切で記憶に残る旅でした」と口をそろえて言います。彼らが非行少年という先入観から解き放たれ、「この子も普通の子と大差ない」という考えに変わることも、この旅の重要な意味になりました。

　スイユ財団の設立者であるベルナール・オリヴィエは「自分の子どもには過保護なのに、他人の子どもには、もっと抑圧しろ、危険な子どもを隔離しろと要求するのがフランスの現実だ」と慨嘆しました。韓国もさほど変わりません。ある日、判事室を訪ねてきた１人の記者とあれこれ話をしていたときに、私が陪席裁判官として担当したある少年の話を聞きました。当時、中学生だった少年は、ひったくりの容疑で刑事裁判を受けましたが、彼の父親は息子のずば抜けた野球の才能を諦めきれず、被害者全員に対して息子の代わりに深々と謝罪し、賠償して許してもらいました。息子を救いたいという父親の誠意によって、一審では執行猶予付きの判決が宣告され、二審では少年部送致決定という少年保護処分が下さ

れました。社会奉仕と保護観察を終えた少年は高校に進学し、その後、二度と非行に走らず、立派な野球選手に成長しました。そしてプロ野球のドラフト会議で指名されて韓国の有名球団に入団し、練習試合で好投を見せたことで知名度が上がり始めました。そんな彼が、まさに自分の夢をかなえようとしていたとき、誰かが彼の非行の前歴をインターネット上に載せ、彼の暗い過去がSNSによって広まったのです。韓国野球委員会（KBO）のホームページと所属球団のホームページは瞬く間に「ひったくり前科者投手」と彼を非難するコメントで埋め尽くされ、とうとう彼はレギュラーシーズン中にマウンドに上がることもできないまま、その年の4月に球場を去りました。

その後、彼の人生はどん底に落ちました。社会から拒まれた彼が再び犯罪に手を染め、逮捕されたという知らせを聞き、やるせなさに胸が押し潰されそうでした。私は彼の話を書いた自分の本の裏表紙に、「つらくなったらお父さんの祈りと労苦を思い出してくれることを願い、この本を贈ります」という文を添えて記者に預けました。

それから数日後、彼が私宛てに書いた手紙を記者が届けに来ました。彼の父親はすでに他界していました。彼は本を読んで亡くなった父親を思い出し、涙を流したそうです。手紙には、人生をやり直すという誓いの言葉がびっしりと書かれていました。今からでも彼には普通の市民として生きていってほしいです。たとえ重い罪を犯したとしても、彼は法が定めた処罰を受けました。彼を非難するのではなく、マウンドに立つチャンスを与えていれば、また1人、才能あふれる野球選手が、暗い過去を踏み越え、新たな人生を歩み始める健気な野球選手が、誕生していたかもしれません。もしそうなっていれば、彼も自分を寛容に受け入れてくれた社会に恩返しする気持ちで、一生懸命にスポーツに励み、善良な市民として生きていけたかもしれません。

　そう考えると、後悔と苦しさに胸が締めつけられるようです。罪を犯したら処罰を受けるのは当然ですが、永遠に罰を受け続けることはできません。ともに生きていくべきなのです。罪を厳しく処罰したとしても、罪を償ったあとは社会の一員として、1人の市民として胸を張って生きていく手助け

をすべきではありませんか。そもそも罪は刑罰で支配するのではなく、世間が手を差し伸べてこそ再発を止められるのです。世間から疎外され、街に追いやられた子どもたちを抱き締めて、社会に戻す取り組みを、誰かが必ずやらなければなりません。

少年法を改めて考える

　過去数年間で釜山女子中学生集団暴行事件をはじめ、仁川小学生誘拐殺人事件[61]、通称「キャットマム」事件[62]、中学生レンタカー窃盗・運転致死事件[63]などが続けざまに発生し、韓国社会に議論が巻き起こりました。これらの事件に共通する関心事項は、罪を犯した少年に対する処遇の問題です。

　そもそも現状の問題は何でしょうか。最後に、この問題について述べる前に、刑事処分（以下「刑罰」）の意味を再確認しておかなければ、少年犯を取り巻く現在の議論をきちんと理解できません。

　刑罰こそが法律だと考える人もいるほど、刑罰は法律において重大な意味を持っています。国家権力が個人に直接下す罰だからです。ところが、法律に背いても刑罰を受けない人や、軽い罰を受けるだけの人もいます。少年法で定められた

61　2017年3月29日、仁川広域市で当時小学2年生の女児が、17歳（事件当時16歳）の少女に誘拐殺害された事件。韓国社会に大きな波紋を広げた事件。

62　2015年10月8日、京畿道龍仁市のマンションの屋上から、小学生がレンガを投下して、野良猫を世話していた50代女性を死亡させ、20代男性に重傷を負わせた事件。野良猫の世話をする人たちを「キャットマム」と呼ぶことから、「キャットマム」事件とも呼ばれる。

63　2020年3月29日、当時中学2年生だった生徒8人がソウルのレンタカー店からレンタカーを盗み、大田に向かう途中、警察の追跡から逃走する過程で、デリバリードライバーの大学生に追突し、死亡させた事件。

「反社会性のある少年」、すなわち満10歳以上19歳未満の非行少年です。18歳は高校3年生に該当する年齢です。それでは、高校在学中はどんなに悪い行いをしても刑罰を受けないか、軽い罰で済むのでしょうか。結論を言えば、そうではありません。少年審判では、少年法の本質と目的に基づいて、処罰よりも教育に重点が置かれるのは事実です。とはいえ刑罰を下さなかったり、必ず寛大な処分を下したりするということではありません。最初の犯行では比較的軽い刑罰でも、再犯や深刻な罪を犯した場合は刑罰が重くなります。ただし、未成年者である点を考慮し、成人の犯罪者とは少し違う基準を適用しているのです。少年法を巡る議論がやまない理由は、まさにこの成人に対するのとは少し違う刑罰の基準にあります。

現在、議論の中心にある問題は、どんなに重い罪を犯しても、未成年者は死刑や無期懲役刑に処されることがない点、そして触法少年に対しては刑罰を科せないという点です。成人ならば死刑や無期懲役刑に処せられるほど深刻な罪を犯しても、子どもの権利条約の勧告と少年法の保護規定により、

満18歳未満の未成年者に対しては、最長20年までの処罰しか可能ではありません（現行刑法上、満18歳の少年に対しては死刑宣告が可能）。また満10歳以上14歳未満の触法少年（犯罪行為を行ったが刑事法の適用対象に含まれない未成年者）は刑罰を受けないことが規定されています。少年法に向けられた怒りは、ここに端を発します。法律は厳格かつ公平であるべきなのに、幼いという理由で刑罰を科さないことや、軽い処分を下すことには納得できないというのです。

　現在の少年法の規定によれば、満14歳未満の少年が殺人などの重大犯罪を行った場合、その少年に科せられる最も重い処罰は少年院に送致して2年間処遇する保護処分です。一般的な非行ならば、少年院で2年間を過ごす処分は決して軽い処罰ではありませんが、殺人のような重大犯罪では状況が異なります。「殺人を犯してもたった2年？」という疑問が浮かんでもしかたがありません。こうした疑問は、少年法の存在理由に関する根本的な問いかけです。近頃、犯罪を引き起こす少年の年齢が徐々に下がっており、議論がさらに煽られています。

このように、少年法をめぐる議論が社会に広く拡大した背景には、釜山女子中学生集団暴行事件の余波がありました。あまりにも議論が白熱して、当時は少年法の廃止に対して反対の意見を述べることすら難しい状況でした。どんな問題にも賛成意見と反対意見があるものなのに、反対意見を口にした瞬間、非難の嵐に耐えなければなりませんでした。

　少年法に関する議論は現在進行形です。少年法を廃止せよ、との極端な主張まで飛び出し、いまだに議論の的になるほどの内容が、少年法に規定されているのでしょうか。私もたびたび少年法に関する質問や意見を受けます。この機会に、ある記者から受けた質問を基に、少年法の廃止と改正の問題について、私の意見をまとめてみました。

　少年法の改廃問題を議論するためには、前提として韓国の刑事法と刑事政策体系及び目的に関する基本的な理解が求められます。さもなければ、真っ当な意見を導き出せないばかりか、議論の途中で脱線しかねないためです。

主に少年法の廃止論者は次のような立場を強調します。

①　少年法の適用年齢を引き下げ、刑法を適用して厳重に
　　処罰しよう。

　：13 歳の触法少年（満 10 歳から 13 歳）が起こした中学生
　　レンタカー窃盗・運転致死事件、9 歳の児童が起こし
　　た「キャットマム」事件がここに該当します。

②　少年法を廃止し、刑法が適用される犯罪少年（満 14 歳
　　から 18 歳）については死刑または無期懲役刑を宣告で
　　きるようにしよう。

　：16 歳の少女が起こした仁川小学生誘拐殺人事件がこ
　　こに該当します。

③　少年法を廃止し、少年保護処分の制度をなくして少年
　　犯についても刑罰だけを科すようにしよう。

　まず少年犯の適用年齢を引き下げようという主張①につい
て考えていきます。この主張が反映された場合、少年法の廃
止にとどまらず、刑法の改正が必要な点を念頭に置かなけれ
ばなりません。少年法が廃止されれば、少年犯罪に対して刑

法を適用することになりますが、刑法には「刑事未成年者」は「満14歳未満」と規定されているからです。したがって、少年法が廃止されたとしても、刑法を改正しないかぎりは、満14歳未満の少年犯（特に凶悪犯罪及び重要犯罪を行った少年犯）については刑罰を科せないだけでなく、少年保護処分すらも科すことができなくなります。つまり、少年法を廃止し、その目的を達成するには、刑事未成年者の年齢を引き下げるように刑法が改正されなければなりません。ところが、少年法を廃止すると同時に刑法を改正し、刑事未成年者の年齢を満13歳未満に引き下げた場合、今度は満12歳以下の少年犯には刑罰のみならず、少年保護処分さえも下せなくなることを理解しなければなりません。では、何歳まで刑事未成年者の年齢を引き下げるべきなのでしょうか。しっかり考えてほしいです。

　次に、少年犯にも死刑や無期懲役刑を宣告できるようにしようという主張②を見ていきます。仮に少年法が廃止されることになれば、犯罪の内容に従って、満14歳（少年法の廃止にあわせて刑法が改正され、刑事未成年者の年齢が引き下げられた場

合にはその年齢）以上の少年犯に、無期懲役刑や死刑を宣告できるようになります。刑事未成年者に死刑や無期懲役刑を宣告することは、根本的に刑罰において成人と同等に扱うことを意味します。しかし、刑罰において未成年者を成人と同等に扱うならば、その他の法律分野でも同等に扱われなければなりません。不利益を被る部分では同等に扱いながら、利益を得る部分では差別的な待遇をするのは、民主主義や法治主義の根本を揺るがすことだと言わざるを得ません。主な例を挙げれば、刑事未成年者に死刑や無期懲役刑を科すならば、彼らに公職選挙法上の選挙権を与えるべきです。数年前に公職選挙法上の選挙権が満18歳に引き下げられたのは、刑法上、満18歳の少年に死刑や無期懲役刑を宣告できるようにする規定を念頭に置いたものだと考えられます。この点については『怒号判事チョン・ジョンホの弁明』（『호통판사 천종호의 변명』우리학교）で詳しく言及したので参考にしてください。

　最後に、少年法を廃止し、少年犯に対して死刑または無期懲役刑を宣告できるようになれば、国内法及び国際法上いくつもの問題が発生するだけでなく、刑事政策上の問題がある

ため、専門家の間では少年法の廃止に対して否定的な見方が優勢です。

　以上の点から総合的に考え、少年犯の処遇に関しては、次のような方策が極めて現実的だと思われます。1つ目に、少年法を存続させつつ、改正して少年犯に科される有期懲役刑の上限を引き上げること。2つ目に、刑法を改正して、刑事未成年者の年齢を引き下げ、犯罪少年の年齢を引き下げることです。

　これを前提にすれば、少年犯の処遇に関する改正議論は、「刑事未成年者の年齢を引き下げるべきなのか？　引き下げるとしたら何歳にするべきか？　有期懲役刑の上限は何年にするのか？」という3点に集約されます。

　これに関連して、触法少年の上限年齢を満14歳から満13歳に引き下げる案について、どのように考えますか。第一に、刑事未成年者の年齢を満13歳に引き下げる方策は、犯罪や矯正に関わる政策の研究結果に基づいているのかはっきりしません。世論に流されて、一時しのぎで刑事未成年者の年齢を1歳引き下げるような、弥縫策ではだめです。刑事未成年

者の年齢が満 12 歳未満になったとしても、この問題は残り続けます。

少年法に関する国民請願の署名者が 20 万人以上に達しました。その多くは、殺人や性犯罪などの凶悪犯罪をきっかけに出されました。特定の犯罪に限り、触法少年と保護処分を除外する方策について、どのように考えますか。被害者の回復不能な被害に対する相応の措置として、どんな案が考えられますか。このような質問を受けることも多いです。

国民世論が沸き立つ理由は、凶悪犯罪や重要犯罪に年齢の制約があるために、軽い処分が下される点にあります。かく言う私も凶悪犯罪や重要犯罪だけでも、より厳重な対策が必要だという立場です。しかし、そのための前提として、刑事未成年者に刑罰を科す根拠が示されなければなりません。この点を解決する方法は、「刑事未成年者に対する刑罰賦課に関する特別法」の制定です。次に、刑事法及び矯正の体系上の問題が解決されなければなりません。仮に国民の意見がすべて反映され、凶悪犯罪や重要犯罪においては、年齢を問わず、重い刑罰を科せるようになったとしましょう。そうなれ

ば、10歳の男児が刑務所で受刑生活を送ることになる可能性を排除できません。特に、少年刑務所が全国で1か所しかない韓国の実情に照らして、新たな形態の矯正施設設置を模索するべきです。

さらに、少年保護処分は選択の幅が非常に狭く、裁判官が少年を少年院に送致する場合、選択できる処分期間は1か月、6か月、2年の3つだけです。私は長年、少年保護処分の処分期間の範囲を広げるべきだと主張してきました。非行の内容いかんでは、1年間の収容も導入し、2年以上の少年保護処分も導入すべきだと考えています。少年保護処分の範囲が広がり、少年院送致の期間も現在より長くなれば、無理に触法少年の年齢を引き下げて刑罰を科さなくても、少年保護処分だけで厳重な処分を下せるようになります。現在、韓国の少年院は過剰収容の状態なうえに、人員も不足しているのが現実です。それにもかかわらず、少年院に関わる職域に従事する方々は、少年院送致処分の実効性を高めるために、現場で最善の努力を尽くしています。

また、少年院送致処分の実効性について、少年院に責任を

押しつけることも問題です。このような責任追及は、少年院に送られた少年たちが完全に生まれ変わり、二度と犯罪や非行に手を染めないという理想が前提にあります。しかし、この理想は少年院の教育の限界を看過しているだけでなく、社会に復帰した少年が置かれた人的・物的環境を無視しています。たとえ少年院で完璧に矯正されたとしても、社会に復帰したあとで、少年をサポートする家庭環境や教育環境が整っていなければ、その少年は再犯の確率が非常に高いのです。

　近頃のニュース記事を読めば、人々が少年法の廃止を主張する理由もある程度は理解できますが、本当に少年法は廃止を求める人たちの言うように悪法なのでしょうか。単刀直入に言えば、悪法ではありません。少年法は、単に子どもだという理由で大目に見る法律ではないのです。どんな法律であれ、それが正常な手順を踏んで誕生した法律ならば、そこには人間への深い理解と、法秩序に対する葛藤が内包されています。少年法も例外ではありません。
　少年法の根底には、国親思想があります。国親思想とは、

国が親となり、人民を保護しなければならないという考え方です。少年法においては親が不在か、たとえいたとしても適切な保護と養育を期待できない少年に対し、国が親代わりになって保護するという意味が込められています。少年法廷で下される処分を「保護処分」と呼ぶ理由もここにあります。

　なぜ犯罪者を保護しなければならないのか、疑問を抱かれるかもしれませんが、少年の事犯に対して成人犯と異なる取り扱いをすることは、多くの文明国家で早い時期から採用されてきた方法です。青年期は感情的にも生物学的にも不安定な「疾風怒濤」の時期であり、成長過程における試行錯誤は誰もが経験する問題であるため、未来の社会を担っていく少年たちを保護するのです。つまり、少年法が少年の過ちに寛容な視線を向けることは、まだ成長途中にある青少年のための国の配慮だと言えます。

　現在の脳科学研究によれば、青少年の脳は成人と比較して８割しか発達していないそうです。特に成熟度の指標となる、判断力や統制能力などを司る前頭葉が未発達なため、成人のように行動することはできても、その行動がもたらす結果ま

で予測できない場合が多いのです。その一方で、そのような観点から、改善の可能性も非常に高いと言えます。これは司法型グループホーム[64]の１つである青少年回復センターで生活した子どもたちの再犯率が、大幅に下がったということからも明らかです。青少年回復センターで保護処分期間を過ごした子どもの再犯率は非常に低いです。それまで経験したことのなかった、あたたかいケアと適切な指導が、彼らに変化をもたらしました。

　何よりも、未成年者には法的責任を問うことが事実上できません。未成年者は法律の制定過程において、いかなる権利も行使できないからです。少年法が未成年者を保護する理由は単純に幼いからではなく、法秩序に反した場合にどんな責任が伴うかを理解できるほど成熟していない、と判断したためです。法は個人と国の契約です。処罰もその契約に基づいています。ところが、契約そのものに全く関与したことのない未成年者に対して、成人と同様の刑罰を下すことになれば、これは法秩序にも背くことになります。法は法体系の中で互いに絡み合っており、少年法を廃止したり、内容を変更した

64　裁判所が指定した委託保護委員が１号処分を受けた青少年を委託保護し、家庭のような環境で共同生活を送る施設。

りするためには、同時に別の法にも手を加えなければなりません。現在の法では、未成年者は親権者の同意なくしては、法律行為をすることはできません。また参政権も制限されており、仕事をしてお金を稼ぎたくても、様々な規制の壁にぶつかります。このように、幼いという理由であらゆる権利を制限されているにもかかわらず、過ちに限っては大人と同じ責任を問うことは公正とは言えないはずです。それでは、一体どうすればよいのでしょうか。

　少年法を廃止するためには、それまで未成年者に課されていた様々な制約をすべて取り払わなければなりません。満10歳以上の子どもに選挙権を与えることはもちろん、成長期の子どもにとって、有害とされ禁止されてきた品目に関する制限も緩和されるべきです。要するに、子どもと大人の区別がなくなった世の中になるわけです。こうした境界のない世の中を、私たちは望んでいるのでしょうか。違うはずです。このように、少年法は国の品格に直結する問題でもあります。数多くの国で少年法が採用されているのも同じ理由です。

　むろん、メディアの餌食になった一部の子どもの姿が理解

しがたいのは事実です。いくら幼くても法を嘲笑い、軽視して暴力に対して無感覚に見える子どもの姿は、黙々と法を守り生きていく人たちの公憤を買ってもしかたがありません。しかし、刃物を振り回す人がいるからといって、この世から刃物をすべてなくすことはできません。刃物は人を傷つけることもありますが、きちんと使えば便利な道具だからです。

　根本的な問題は、少年法そのものにあるのではなく、少年法の健全な趣旨を生かしきれていないことにあります。少年審判は、一般の刑事裁判のように処罰して終わりではありません。むしろ処罰後のほうがはるかに重要です。処罰が与えられたあとに子どもたちが暮らす施設を拡充し、そこで行われる教育プログラムの質を高め、施設を出たあとも持続的な観察とケアを通じて、その子が再び非行に走らず、健やかに成長できるよう、導いていかなければなりません。法改正や廃止の問題は、そのあとに議論しても遅くないはずです。加えて家庭法院の設置・拡大と少年保護機関の人的、物的拡充も急がれます。

　同時に、少年犯罪の被害者にも言及する必要があります。

少年犯罪被害者の保護及び支援措置は、包括的な原則が整備された状態とし、当該事件の類型と加害者及び被害者の社会的関係等を考慮し、具体性と適時性を兼ね備えなければなりません。犯罪被害者保護法は制定されましたが、その内容は予想に反して精巧とは言えません。こうした隙間が埋まるまで、国のせいにして放置するのではなく、共同体の構成員として、隙間を埋めていく努力が被害者のために必要なのです。

民主主義と法治主義は国民の意思に従い、国と政策によって成立します。民主主義と法治主義を採用するすべての国では、成年と未成年を区分し、両者に対する法的な取り扱いを別にしています。これは大人の義務です。ただし、成年と未成年を区分する基準となる年齢の線引きに関しては、国ごとに少しずつ差があります。その基準によって未成年者になった場合は、年齢制限に伴い、刑罰の賦課において不合理な点があると見受けられても、やむを得ないとして受け入れるのです。

韓国で、触法少年をはじめとする青少年犯罪の問題が提起

され続けているのは、刑事未成年者の年齢基準に関して、国民の同意が揺らぎつつあることの傍証だと考えられます。1日も早く、この問題が解決されることを願ってやみません。その解決策が法の改正ならば、そうするべきです。しかし、法を改正するにあたっては、改正後に問題が提起される事態が発生しないよう、大いに慎重を期さなければなりません。たとえば、刑事未成年者の年齢が満13歳未満に改正されたとしましょう。もしも満12歳の少年が事件を起こしたら、法を改正しようという主張が再び提起される可能性が高いです。このような事態を防ぐ最善の道は、立法過程に国民との対話を通した説得の手順を加えることです。

　すべての法は諸刃の剣です。きちんと使えば、社会の安全を守ってくれる心強い存在ですが、使い方を誤ったり濫用したりすれば、個人の自由と人権を押さえつける重い足かせになります。少年法も例外ではありません。使い方を間違えれば問題になりますが、正しく使えば保護を必要とする少年たちに、大切な人生をプレゼントするあたたかい法にもなるのです。医師のメスやシェフの包丁が、多くの人を救う道具と

して使われているように。少年法が名前だけは立派で実効性のない「見掛け倒しの法律」になるか、「名前にふさわしい実のある法律」になるかは、我々の関心と努力にかかっています。

あとがき
少年の人生の旅を応援します

　両親のあたたかいケアのもとで成長すべき小さい子どもた
ちが、大人の無関心と放置により街をさまよい、非行の世界
に足を踏み入れ、少年審判にゆだねられます。処分を受けた
あと再非行に走らないことを願うものの、文字どおり願いで
終わってしまう場合が少なくありません。非行少年も韓国の
青年であり、保護されるべき児童です。しかしながら、現実
はかけ離れています。非行少年には政治的利用価値がないた
め、保守派からも進歩派からも透明人間のように扱われ、救
いの手が差し伸べられないまま、再非行の沼にはまっていま
した。

　こうした悪循環を見過ごすわけにはいかず、彼らを回復さ
せる方法はないかとあちこちを飛び回りました。そして「代

案家庭」と「代案親[65]」が解決策だという結論に至り、同じ志を持つ方々を説得し、「非行少年専用グループホーム」である青少年回復センター設立の推進に尽力しました。

　最初の司法型グループホームを開いてから、審判で出会った中学１年生の双子を委託しました。両親の離婚とうつ病により家庭でケアを受けられなかった子どもたちでしたが、青少年回復センターで１年間、揉め事も起こさず真面目に生活していたのに、施設を退所してからたった２週間後にパンを盗んで交番にいるという知らせが飛び込んできました。世話をしてくれる人がいなかったので、当然と言えば当然です。こうした子どもを１人でも多く助けるために、2010年11月に始まった司法型グループホームの制度化が何よりも急がれました。そのために、場所を選ばず、声がかかったら１人で車を運転して駆けつけました。そんな日々を讃えるかのように、耳鳴りがやまず、毎夜寝つくのに困るほどでした。篤志家の援助を受け、国会議員たちに直筆の署名を添えた私の本と手紙を送るなど、方々に働きかけた結果、韓国国会立法調査処[66]から司法型グループホームの立法に関わる参考資料

───────

65　親代わりになる存在。里親。
66　2007年３月に設立された、国会議長直属の機関。立法及び政策に関する事項の調査・研究を行い、国会の委員会や議員に提供することで、政務活動の支援を目的とする。

の要請がありました。

　その結果、2014 年に、ある国会議員が司法型グループホームを「児童福祉法」上の施設とする児童福祉法改正案を発議しました。それから間もなくして、別の議員たちが司法型グループホームを「青少年福祉支援法」上の施設とする法律案を発議しました。そして第 19 代国会の会期最終日である 2016 年 5 月 29 日、法改正により青少年回復センターが「青少年回復支援施設」として公的な地位を確立するに至りました。また国会議員や企画財政部の助けを借りずに、「国民参与予算制度」によって国民の支援を受け、2019 年 1 月から青少年回復支援施設に国の予算がつくようにしました。それから青少年回復センターを支援するために、友人を説得して「社団法人万事少年」を立ち上げ、サッカークラブ「万事少年 FC」、二人三脚歩き旅、克己山登り [67]、ブックコンサート [68]、自立支援事業を進めてきました。これらによって、多くの少年が傷を癒やし、歪んだ性格を直し、両親や社会との関係を回復しました。何よりも嬉しかったのは、再非行率が顕著に下がったことです。過去 9 年間の成果は、何の見返りも求め

67　精神鍛練や団結力の向上を目的に行われる登山。一般的には軍隊や企業などの教育プログラムとして行われる「克己訓練（クッキフンリョン）」の一種。錬成登山。
68　本の著者と読者が交流する場で、一般的に音楽の公演が伴う。

ず手を差し伸べ、時には私に代わって非難に耐えてくれた偉大な市民がいたからこそ、実現しました。

　最終的に児童を保護すべき機関は国家です。家庭から見放され、学校と社会からも激しい嫌悪感で疎外されている非行少年たちに非行をやめさせる最低限の支援すら無視するような国家があるならば、その国家はみずからの重大な任務である「正義」、特に「配分的正義」の実現を怠っていると言わざるを得ません。これは社会正義の実現において、最後のパズルのピースをはめる重要な意味を持つからです。

　当然ながら、困難な人たちを救済する仕務を国家に丸投げすることはできません。社会的価値に対するすべての分配の要求を、正義の要求として受け入れることはできないからです。どんなにお腹をすかせても、お菓子屋さんに行き、無料でパンを要求できないように、個人の「必要」に基づく社会的価値の分配要求は、現行の社会秩序の中で正義としては受け入れられません。頼み事や要請をしたにもかかわらず、誰一人として関心を示さず、冷たい反応だけが返ってきたら、悲しい気持ちになるのが人というものです。しかし、こうし

た要請が聞き入れられないからといって、正義のない社会とは言えません。もし、お腹をすかせた人をふびんに思ったお菓子屋さんの主人がパンを恵んであげても、それはその人に受け取る権利があるとか、正当な要求だという理由ではなく、ただ恩恵を受けたに過ぎません。他人に恩恵を求めることは権利でも何でもなく、正義の要求でもなく、恩恵に感謝する条件にしかなりません。

　しかし、苦境に立たされた人たちをそのまま放置することは、社会共同体が任務を怠ることにほかなりません。福祉制度を綿密に整備し続け、福祉制度で行き届かないところについては社会の構成員が自発的に慈善を行うなど、空白を埋めていくのが、すなわちキリスト教的正義の義務であり、ツェダカの精神[69]です。「孤児と寡婦と旅人、囚人と障がいのある人と病者」に代表される社会的弱者に愛を実践するツェダカの精神こそ、今日の社会に必要な考え方ではないでしょうか。

　これまで数え切れないほどの少年に出会いました。私が出

会った少年たちを、彼らの話を記憶しています。そのまなざ
しを思い出しながら、今日も1人の判事として、1人の大人
として、1人の父親として、恥ずかしくない日々を送るため
に、気を引き締めております。そして、この社会をともに生
きていくすべての人たちが、身近な少年たちに少しでも関心
を持ち、見守ってくれることを願います。何よりも、未来の
主役である青少年が、いま目の前にいる友達を少しでも知ろ
うとし、理解できますように。それから、教育現場で日々奮
闘する先生方も、自分が関わる学生たちの仮面の奥に隠され
た本当の顔を見つめようとする努力をやめないでください。
荒々しい怒りと冷笑の仮面の奥に、ひょっとすると1人で泣
いている少年がいるかもしれないのです。

監訳者解説

鄭裕靜（ジョン・ユジョン）
青山学院大学・立正大学非常勤講師

　私がチョン・ジョンホ判事のお名前を初めて耳にしたのは、韓国で本書が出版される2～3年前で、日韓の少年司法に関する専門家の集まりのときでした。チョン・ジョンホ判事は、韓国少年司法の専門家の間では、おっかない判事だけど素晴らしいという評判でした。それは日本にいる私にまで届くほどです。その後まもなくチョン判事の名声は、韓国では専門家だけでなく、人々の間にも次第に広がりました。

　少年司法が韓国社会で注目を集めるようになったのは、韓国の国民ならよく知っている2017年3月の「仁川小学生誘拐殺人事件」と9月の「釜山女子中学生集団暴行事件」がきっかけでした。この事件は、本書でも紹介されています。「仁川小学生誘拐殺人事件」は、少女2人（当時16歳と18歳）が8歳の子どもを残虐な行為で殺害した事件です。未成年であ

る少女2人が共謀して起こした事件であり、被害者である子どもを殺害したうえで、死体を損壊したことから、韓国で大きな社会的衝撃が走りました。その波紋が落ち着かぬうちに同年9月に「釜山女子中学生集団暴行事件」が起きました。加害学生の暴行のやり方は、想像を超える残忍さであり、被害学生に暴行を加える様子が赤裸々に録画され、その映像がマスコミによって報道されました。加害少年たちが書いた少年事件手続を嘲笑うようなメッセージなどがSNSによって公開されたことで、社会的公憤が沸き上がりました。その後で相次いで少年犯罪が報道され、国民の怒りは膨らみ、その矛先は加害少年だけでなく、犯罪とは言えない「不良行為」をする少年たちにまで拡大し、その怒りの矢は、「少年法」に向けられ、ついには「少年法廃止論」が台頭するまでになりました。このような状況を受けて、韓国の法務部は、2022年6月から10月まで「触法少年の年齢基準の現実化TF（タスクフォース）」を構成してこれを運営し、その結果をもとに触法少年の年齢を13歳に引き下げる対策を発表しました。同年12月には、立法予告を経たうえで、法務部の少

図1　韓国法務部の中央機構組織図

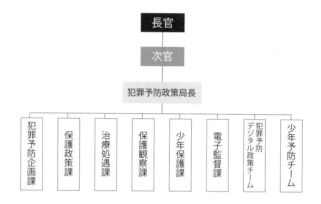

図2　機関機構表

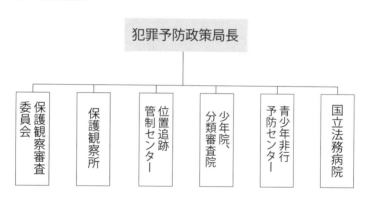

年法・刑法改正案が国会に提出されている状況です。

韓国の「少年法」はどのようなものでしょうか。

韓国の「少年法」は1958年7月24日、法律第489号に制定され、その後12回の改正を経て、今に至ります。「少年法」が制定されて以来、韓国社会が大きく変化し、国際的な趨勢や国民的法感情など様々な状況が大きく変わって来ました。それに合わせて、韓国国内の少年法理論の発展と少年との繋がりがある大勢の専門家や司法関係者などが絶え間ない努力を行い、少年司法政策などもそれに応えてきたと思います。

韓国の少年法第1条では、「この法は、反社会性がある少年の環境の調整と品行の矯正のための保護処分など、必要な措置を行い、刑事処分に関する特別措置をすることで、少年が健全に成長するにあたって助けることを目的とする」としています。言い替えると、少年保護裁判は、将来の改善可能性（可塑性）がある少年に対して性行を改善し教化するために保護処分を行うことを目的とするということです。

しかし、上述の2つの事件をきっかけに、少年に対する否

定的な世論が形成されたことにより、少年法の第1条の目的そのものが一般の人々に誤解されているといえます。

　このような現状は、日本の状況ととても類似しているように思います。間違った（犯罪または虞犯）行為をした少年に「処罰」ではない「保護処分」をすること自体、彼らを甘やかすものであり、何時間かの教育と奉仕活動さえすれば何でも許されると考えさせるのであり、その元凶は、「少年法」というものである。そんなものなんか「廃止」でいい、むしろ、大人のように「刑罰」で処罰した方が抑止力になるという主張です。

　韓国の刑法第9条では「14歳未満に対しては、罰しない」と規定しています。14歳以上の少年は、検事がどのように判断するかによって刑事裁判か少年保護裁判になるかが決定されます。なぜなら、韓国ではこの振り分けの権限が検事にあるとされているからです。これを検察官先議主義と言います。これは、日本の全件送致主義とは対照的なものです。韓国の少年法の検察官先議主義のルーツは植民地時代の「朝鮮少年令」に遡ります。この少年令は検察官先議主義にとても近い法制でした。成人に対する刑事司法において、すでに検

察官起訴独占主義が定着していましたが、そうした事情から少年司法に全件送致主義を採用することができなかったと言われています。

　話を戻しますが、韓国では、検事の決定次第で少年法の対象である犯罪少年についても、保護手続を選択せずに、刑事裁判を受けさせることが可能となります。一つの例として上述した「仁川小学生誘拐殺人事件」がそうでした。韓国の少年法では、少年だからすべての行為が保護処分の対象となるという認識は誤解で、彼らは刑事処罰を受けることもあります。

図3　韓国の少年保護事件処理手続

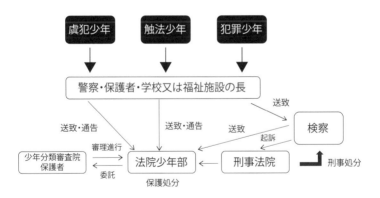

韓国の少年法適用年齢はどのように区分されますか？

　韓国の少年法第2条では19歳未満の者を「少年」と定めています。また、第4条1項では、罪を犯した少年（14歳以上19歳未満）を犯罪少年とし、刑罰法令に触れた行為をする10歳以上14歳未満の少年を触法少年、10歳以上の刑罰法令に触れる行為をするおそれがある少年を虞犯少年と定めています。ちなみに、この年齢区分については、2008年改正で少年法適用対象の上限年齢を20歳から19歳に引き下げ、触法少年の適用対象は12歳から10歳に引き下げられています。

表1　韓国の少年法適用対象少年の分類及び手続の概要

対象分類	非行認知過程	期間又は制限	裁判の種類
犯罪少年 （14歳以上19歳未満）	・　警察捜査 ・　保護者など通告	⇒　検察捜査　⇒ ⇒	刑事裁判 少年保護裁判
触法少年 （10歳以上14歳未満）	・　警察捜査 ・　保護者など通告	⇒ ⇒	少年保護裁判 少年保護裁判
虞犯少年 （10歳以上19歳未満）	・　警察捜査 ・　保護者など通告	⇒ ⇒	少年保護裁判 少年保護裁判

韓国の少年犯罪は、本当に増加していますか？

　2022年11月3日に韓国法務部の立法予告の少年法一部改正案に関連して、韓国の法務部は「少年犯罪が増加し、凶暴化している。触法少年の年齢引き下げが必要である」という主張をしています。これに対して、韓国の多くの少年法研究者たちは、首を傾げています。なぜなら、ここ最近（10年間）、韓国も日本と同様に少年犯罪は減少しています。このことは2023年犯罪白書の統計からみても明らかです。一方、触法少年に対する状況を把握するために司法機関の多様な統計の分析と綿密な検討が必要ですが、そのような検討が十分に行われていません。マスコミでは、少年法に守られているせいで触法少年と犯罪少年は罰せられないという主張が強調され、それを煽って世論に影響を与えているともいえます。これは、厳罰主義に頼るポピュリズム（大衆迎合）です。

　少年法は、「愛の法律」です。子どもと青少年の最善の利益を実現し、当事者の社会復帰と被害者の回復に力を注ぎ、少年を処罰するのではなく、教育と保護の対象としていることには変わりありません。犯罪のすべての責任を少年に押し

付けることは、健全な構成員として育成する社会の責任を回避することになります。

韓国の保護処分はどのようになっていますか？

　韓国の保護処分では、教育と奉仕活動のほかに6か月ないし2年間、施設委託や少年院送致が可能になっています。保護処分の種類は1号処分から10号処分まであります。保護処分が決定した場合、少年は、委託保護委員に監護委託されて6か月の間、1週間に1回以上の生活報告を行い、2号処分では法院が定めた受講機関に訪れて40時間以上の相談及び教育を受け、1週間で2時間の20回ほどの受講機関に出席しなければなりません。3号処分では、保護観察所で定める団体に訪問して40時間ほどの社会奉仕をしなければなりませんが、9時間ずつ4〜5回ほどの奉仕活動の義務を負います。5号処分では、2年間の保護観察官の監督を受けなければならないので、2年間の間、周期的に保護観察所に出席して面談に応じなければなりません。実務的にその中で1つの処分のみ付けられるケースは少なく、例えば、1号、2

号、3号、5号を一緒に付けられることもできます。保護処分に真面目に応じなかった場合には、裁判官は、保護処分の期間の延長やより重い保護処分への変更ができます。保護処分は、その方法によって個々の少年の性行に及ぶ効果もそれぞれ異なります。このように症状にあった薬を処方するように保護処分が実施できます。

表2　保護処分の種類

区分	権限の範囲	期間又は制限	対象年齢
1号	保護者又は保護者の代わりに少年を保護できる者に監護委託	6か月 （6か月延長可能）	10歳以上
2号	受講命令	100時間以内	12歳以上
3号	社会奉仕命令	200時間以内	14歳以上
4号	保護観察官の短期保護観察	1年	10歳以上
5号	保護観察官の長期保護観察	2年 （1年延長可能）	10歳以上
6号	児童福祉法上の児童福祉施設や少年保護施設への観護委託	6か月 （6か月延長可能）	10歳以上
7号	病院、療養所又は「保護少年などの処遇に関する法律」上の少年医療保護施設に委託	6か月 （6か月延長可能）	10歳以上
8号	1か月以内の少年院送致	1か月以内	10歳以上
9号	短期少年院送致	6か月以内	10歳以上
10号	長期少年院送致	2年以内	12歳以上

今後の韓国の少年法について

　本書で指摘しているように、問題は「少年法」にあることではなく、「少年法」の理念をうまく活かせていない現状のシステムの運用にあります。日本でも同様な問題が指摘されています。少年裁判というものは、年齢を引き下げて重い処罰をし、成人なみの刑事の処罰を与えることでうまくいくものではありません。「少年法」の理念に立ち返って、改めて総合的な点検が必要だと思います。韓国で全件送致主義への転換を主張する声が専門家の間で出ているのはそうした理由によります。また、少年犯罪の被害者に対する保護や実質的回復と支援を可能にするよう積極的に制度を見直す必要があります。

　「少年法」と「少年保護制度」は我々の未来です。「少年法」の理念という種に水やりして大切に育てて、花を咲かせるためにも、我々の関心と寛容がとても必要であり、重要なことであると思います。

●参考文献

韓国語

・"2022 범죄백서" (2023) 법무연수원 (「2022 年犯罪白書」法務研修院、2023 年)

・2021 년도 국회 법제사법위원회 연구용역과제보고서 "청소년범죄에 대한 형사처벌 방향 : 형사미성년자제도 및 소년법상 제도를 중심으로" (2022) 국회 법제사법위원회 (2021 年度　国会法制司法委員会　研究領域課題報告書「青少年犯罪に対する刑事処罰の方向 : 刑事未成年者制度及び少年法上の制度を中心に」国会法制司法委員会、2022 年)

・심재광 "소년을 위한 재판 소년부 판사 , 소년법을 답하다" (2019) 도서출판 공명 (シム・ジェグァン『少年のための裁判　少年部判事が少年法について答える』(図書出版コンミョン、2019 年)

日本語

・片山徒有ほか『18・19 歳非行少年は、厳罰化で立ち直れるか』(現代人文社、2021 年)

監訳者あとがき
日本語版の発刊にあたって

斉藤 豊治

甲南大学名誉教授・弁護士

チョン・ジョンホ判事のこと

　チョン・ジョンホ判事を知ったのは、約10年ほど前である。判事が来日して大阪弁護士会で講演をされたとき、私は大阪弁護士会子どもの権利委員会の一員として、この講演を拝聴し、判事が少年事件にいかに情熱をこめて取り組まれているか、その様子を知ることができた。しかし、時間の制約もあって、具体的な取り組みについては、十分にお話をお聞きすることはできなかったという記憶がある。今回、図らずも判事の書物の翻訳作業に参加し、監訳を担当したことで、具体的な取り組みを知ることができるようになった。

　本書を読むうち、毛利甚八さん（故人）の『家栽の人』（小

学館、1988 年）を連想した。この作品は少年事件の裁判官を描いたコミックとして知られており、テレビでも連続ドラマとして放映され、人々に感動と静かな共感をもたらした。この作品は、守屋克彦裁判官（故人）をモデルにしたともいわれている。ドラマの制作も、守屋克彦さんが助言、監修を行ったと聞く。ちなみに、タイトルは「家裁の人」であり、「家裁の人」ではない。裁くのではなく、育てるという意味である。それには、事件を裁いて終わるではなく、少年の成長・発達を促すという意味が込められている。スタイルは異なるが、チョン・ジョンホ判事も同じであろう。

　守屋克彦は戦後の日本の少年法の理論を圧倒的にリードしてきた存在であり、私も多くのことを学んだ。私事にわたり恐縮であるが、2001 年から 5 年間私が東北大学で勤務した際には、ともに仙台市内に住んでいて、法科大学院の少年法の授業を共同で開くなど濃い協力関係にあり、私の退職後もいくつかの分野で協働が続いた。守屋氏とチョン・ジョンホ氏との間には、人間像でも活動のスタイルにおいても違いがある。しかし、少年事件に注ぐ情熱は共通のものがある。

チョン・ジョンホ判事は本書で釜山の貧困地帯の家庭の出身という生い立ちを語り、貧しさが犯罪や非行へと追い詰めるという確信を述べている。子どもたちへの熱い思いが、青少年回復センターの立ち上げ、万事少年 FC、二人三脚歩き旅等、精力的で独創的な活動を支えている。少年犯罪は恵まれない社会環境で生まれてくるため、少年院等での努力によっても果し得ないことがあり、社会の責任、人々の参加と努力が必要であることを強調している。

少年法の改正問題

　今回の翻訳作業を通じて、チョン・ジョンホ判事が少年法の「改正」問題についても、強力な論陣を張られて、活躍されていることを知った。韓国では、1、2の重大事件を契機に少年法の部分的な手直しではなく、廃止を求める意見が噴出し、論争が行われたようである。ここでは、両国における少年法改正問題に絞って考えてみたい。

　まず、現役の裁判官が、立法問題に関して踏み込んだ発言をマスメディアなど公の場ですることは、日本ではほとんど

見られない。司法行政を通じて、外部での発言は統制されているのが実情である。韓国では、現役の有名な裁判官であるチョン・ジョンホ判事は、精力的に発言を行ってきている。これは驚くべきことである。韓国では、裁判官個人に保障される発言の自由が日本よりも広いのであろうか。

　少年法バッシングは、日本でも1990年代後半から現在に至るまで重大事件を契機に噴出する。こうした社会現象は、モラル・パニックと称されている。それは、これまでの道徳観念を大きく超えるような事件が突如として起こり、人々が憤激し、パニックとなって重罰を求めることをさす。

少年法改正問題の様相の違い

　韓国ではモラル・パニックを生じさせる事件が起こったが、結局、幸いにも少年法は廃止には至ってはいないようである。しかし、運用面での変化には引き続き警戒が必要であろう。日本では、1997年の神戸の児童連続殺傷事件などの重大事件を契機に、厳罰を求めるメディアや世論の動きが急激に強まり、少年法悪法論が噴出して、強い少年法バッシング

が行われた。私は、当時この事件が起こった神戸市にある甲南大学で勤務していたこともあり、頻繁にテレビや新聞等のメディアから発言を求められ、事件や法制度について、見解を述べた。

日本では、被害者遺族による少年法批判がメディアに大きく取り上げられ、少年法を擁護する側が敵役とされ、防戦にまわるという状態が生み出された。メディアでも、被害者への共感とともに、少年法悪法論へと誘導するような報道が繰り返された。1990年代後半からの少年法バッシングのなかで、私は個人の体験として、被害者の少年法に批判的な発言が検察・法務省当局やこれに協力する学者の指導・誘導の下で組織的に用意されて繰り広げられ、保守政治家やメディアがこれに協力していることを知った。

日本でも、世論調査をすると、「少年法は悪法であり、廃止すべきである」という意見が今でも多数になると思われる。しかし、日本では、全面廃止論は、立法では無視されてきた。それに代わって、2000年代以降重罰化の方向で、部分改正が数次にわたり、連続して行われてきた。少年法廃止や全面

改正にはならなかったのは、政府としても、現行少年法の果たしてきた役割を全面的に否定することまではできなかったからであろう。

日本の少年法の仕組みと改正問題の現れ方

　少年法の制度は、世界的にも、刑事手続や刑罰がもたらす弊害を可能な限り回避して、成長発達を促し、教育・福祉的な対応を重視すること（保護）を主旨として創設された。日本も韓国もこの点は同様であった。

　日本の少年法改正の動きは、法務省主導で進められ、家庭裁判所の先議権の制限を志向するという点で一貫していた。日本では、少年の犯罪事件は証拠による裏付けがある限り、すべての事件を家庭裁判所に送致する。この制度は全件送致主義と呼ばれている。事件の送致を受けた事件について、家庭裁判所は処遇を選択し、処分を振り分ける。処分を選択し、刑事事件として立件する否かも、検察官ではなく家庭裁判所の権限となっている（家裁先議主義）。多くの場合、家庭裁判所は刑罰よりも保護を優先させるべく、処分を選択する。こ

うした仕組みは、戦後の少年法によって導入された。

　戦前も少年法は存在した。この少年法は1923年に制定されている。刑罰や刑事手続の弊害を避け、保護を図るという点では、画期的な法律であったが、限界もあった。検察官が刑事事件として訴追するか、保護事件として処理するかの選択権を有し（検察官先議）、実際には起訴猶予とした事件のみを少年審判に付する仕組みとなっていた。刑事を優先させ、保護は補充的なものとされていた。さらに、少年審判は現在のように家庭裁判所という司法機関が扱うのではなく、少年審判所という行政機関が扱うとしていた。戦後の少年法は、戦前の少年法の刑罰優先の仕組みを根本的に見直して、保護優先の仕組みを作り、第1次的管轄権は司法機関である家庭裁判所に委ねられた。

韓国少年法と日本の旧少年法の類似性

　韓国の少年法は、実は日本の旧少年法の枠組みに基本的に依存している。1923年に日本で旧少年法が成立した後、当時植民地とされていた朝鮮については日本の旧少年法に準拠

した「朝鮮少年令」が制定された。戦後独立後に韓国が制定した少年法でも、検察官先議権が維持されていた。韓国では、少年司法の関係者の間では、日本の現行制度をモデルとして、検察官先議権を否定して裁判所先議権を採用するべきだとの意見が有力に展開されてきた。しかし、これは実現されないまま、現在に至っている。むしろ、近年は少年法バッシングが韓国でも進行しているようであり、そのことは本書からも読み取れる。

少年手続の日韓の違い

日本では家庭裁判所への全件送致主義を採用していることから、軽微な事件から、きわめて重い重大な事件まで、すべてひと先ずは家庭裁判所に事件が係属する。重大事件に関しては、保護処分では対応しきれない場合に、家庭裁判所から検察官に事件が送り返され（いわゆる検察官逆送）、検察官はこれを受けて刑事事件として起訴する。これに対して、韓国では検察官が起訴しなかった事件について、少年審判が開かれる。いわば、保護困難な事件は、最初から刑事事件として扱われ、保護に適合

しやすい事件が少年事件として扱われる。チョン・ジョンホ判事の闊達で大胆な審判の運営は、少年審判が保護に適合しやすい事件を扱うという条件の下で、行われており、日本とは異なる舞台において可能となるともいえる。

少年法の改正——年齢引下げの問題

　日本では、2020年代に入ると成人年齢を20歳から18歳に引き下げるという提案が法務省から提起された。この提案がそのまま実現されたら、少年院送致の事件の半分以上が、家庭裁判所から奪われるという結果を生じるという性急な提案であった。提案の主な理由は、選挙権をはじめとする参政権の分野や民法の領域で成年年齢が20歳から18歳に引き下げられたので、これにあわせて、少年法の少年年齢も18歳に引き下げようというものであった。これに対して、各方面から次のような強い批判が行われた。

　　1．統計では、近年少年犯罪は著しく減少している。成人
　　　の犯罪も減少しているが、それ以上に少年犯罪の減少
　　　は著しい。このことは、少年法が適切に機能している

ことを示しており、このことが少年犯罪の減少の一因
となっている。

2. 成人年齢が全ての法分野で同じである必要はない。参
政権の分野での選挙権、投票権などの引き下げなどは、
少年の権利の拡大を意味し、民主主義の拡大を意味す
る。民法の成年年齢の引き下げは、若者の消費活動を
活発にし、経済を活性化する意義を持つ。しかし、消
費者詐欺など被害やトラブルが増大する懸念があり、
消費者保護のための教育や救済策が必要であるとの声
も根強い。これに対して少年法の成人年齢の引き下げ
は、少年犯罪対策として、有効であるどころか、逆効
果ではないか。18歳以上20歳未満の年長少年でも、
重大な犯罪を行う少年の多くは、恵まれない環境の中
で育ち、適切な教育を受けられなかったのであり、虐
待等の被害者性を有していることも少なくない。これ
らの者についてはとりわけ適切な教育と支援が必要で
ある。少年に対しては、個別処遇が堅持されるべきで
あり、年長少年について年齢を引き下げて画一的に刑

罰を重視するというのは妥当ではない。

3. 法務省は、治安重視の観点から、家庭裁判所の先議権と全件送致主義を否定して、戦前のように検察官先議を確保することを一貫して追求してきており、年齢引下げはその一環であった。2021年改正では、参政権や民法の年齢引下げに便乗して、長年の目標である少年法の年齢引下げを行おうとしている。

賛否両論がある中で、法制審議会では決着がつかなかった。結局、法案提出をめぐる政治的な折衝の中で、年齢引下げの提案は退けられた。2021年5月21日に少年法等の一部を改正する法律が成立し、2022年4月1日から施行されている。同日、成年年齢を18歳とする民法改正法も施行されている。こうして18歳以上20歳未満の者は、引き続き少年法の枠内に置かれることになった。しかし、この年齢層は、「特定少年」として、18歳以下の犯罪少年とは異なる扱いがなされるようになった。保護処分では責任の要素を重視し、刑罰を科すため検察官送致の枠が拡大され、さらに逆送後の刑事手続では少年保護のいろいろな措置が取り払われて、成人並

みに扱われ、実名報道も可能となった。

それでも、情熱を

　少年法の改正問題は今後も、検察官先議権をめぐって噴き出る可能性があることは否定できない。しかし、少年の成長発達権の保障の見地から、刑罰や刑事手続の有害な副作用を回避し、教育的福祉的な援助の枠組みを守り、育てる必要がある。刑事・懲罰志向の法改正が続く中で、運用においてその悪影響を緩和することは、重要な課題である。少年事件の関係者が情熱をもって少年審判を行うことはきわめて重要である。チョン・ジョンホ判事の取り組みは、日本においても大いに参考になる。

　日本では相次ぐ少年法の「改正」を通じて、家庭裁判所の司法的機能を理由に、中立性が強調され、保護的機能が縮小された。裁判官が愛情をもって、少年の立ち直りや健全育成に取り組むことを避ける傾向もみられる。

　日韓相互の経験交流が持続し、さらに活発になることを期待したい。

◎著者略歴

チョン・ジョンホ（千宗湖）

子どもの頃から判事になりたかった。幼少期の貧困の経験は「世の中は不公平だ」という真実に早くから気付かせてくれた。傾いた天秤を少しでも水平に近づけようと裁判官になる道を選んだ。

2010年2月、少年部判事になってからは、非行少年の置かれた劣悪な環境を見過ごせず、彼らの代弁者を名乗っていた。そのおかげで、「非行少年の父」という身に余る呼び名まで付いた。寝ても覚めても少年のことしか頭にないという意味の「万事少年」、法廷でたびたび声を荒らげることから「ホトン判事」とも呼ばれたが、少年たちが親しげに呼ぶ「お父さん」が気に入っている。

1965年韓国釜山で生まれ、釜山大学法学部を卒業後、1994年に司法試験に合格し、1997年に釜山地方法院判事に任官した。

その後、釜山高等法院判事、昌原地方法院少年部部長判事、釜山家庭法院少年部部長判事、大邱地方法院部長判事を歴任。現在は釜山地方法院部長判事の職にある。

著書に『いや、私たちが悪かった』（2013年）、『この子たちにも父親が必要です』（2015年）、『ホトン判事チョン・ジョンホの弁明』（2018年）、『チョン・ジョンホ判事の善、正義、法』（2020年）等がある。

◎監訳者略歴

斉藤豊治（さいとう・とよじ）

甲南大学名誉教授、弁護士。京都大学法学部卒。同大学院修了。甲南大学、東北大学、大阪経済大学、大阪商業大学で教授を歴任。日本刑法学会常務理事、日本犯罪社会学会常任理事。国際犯罪学会第 16 回世界大会（2011 年、神戸）実行委員会副委員長を歴任。
主な著作に『少年法研究Ⅰ』（成文堂、1997 年）、『少年法研究Ⅱ』（成文堂、2006 年）、『コンメンタール少年法』（現代人文社、2012 年、共編著）、金日秀・徐輔鶴著『韓国刑法総論』（成文堂、2019 年、共監訳）など。現在、日本弁護士連合会刑事法制委員会幹事、大阪弁護士会子どもの権利委員会委員。

鄭裕靜（ジョン・ユジョン）

青山学院大学・立正大学非常勤講師。韓国の関東大学校法政大学で警察行政学を学び、来日し、2007 年から青山学院大学で研究生活を送る。2008 年・2010 年に 2 回にわたって日本政府文部省国費留学生選抜。2016 年、青山学院大学大学院法学研究科公法専攻博士後期課程満期退学。専攻分野＝刑事法、刑事政策、犯罪学、犯罪心理学。日本刑法学会、日本犯罪社会学会会員、少年非行防止政策日韓学術交流大会実行委員。
主な著作に「死刑廃止のための論点：日本における議論の起点および韓国における死刑の執行停止（モラトリアム）と廃止の展望」青山法務研究論集 13 号（2017 年、共著）3 〜 30 頁、『18・19 歳非行少年は、厳罰化で立ち直れるか』（2021 年、現代人文社、共編著）、*Life Imprisonment in South Korea: Life Imprisonment Law and Practice in the Shadow of the Death Penalty, in* Life Imprisonment in Asia（Palgrave Advances in Criminology and Criminal Justice in Asia）279-301（2022）.

◎訳者略歴

菅野生実（すげの・いくみ）

東京外国語大学朝鮮語学科を卒業。大学在学中から韓日翻訳に興味を持ち、ドラマや教養番組の字幕翻訳に携わる。

私が出会った少年について
韓国の少年事件裁判官が語る、子どもたちとの歩み

2024年2月29日　第1版第1刷

著　者　チョン・ジョンホ
監訳者　斉藤豊治・鄭裕靜
訳　者　菅野生実
発行人　成澤壽信
編集人　李晋煥
発行所　株式会社 現代人文社
　　　　〒160-0004　東京都新宿区四谷2−10八ツ橋ビル7階
　　　　Tel: 03-5379-0307　Fax: 03-5379-5388
　　　　E-mail: henshu@genjin.jp（編集）　hanbai@genjin.jp（販売）
　　　　Web: www.genjin.jp
発売所　株式会社 大学図書
印刷所　株式会社 平河工業社
装　幀　Malpu Design（清水 良洋）
装　画　コバヤシヨシノリ
本文イラスト　이희은（イ・ヒウン）@iamheeeunlee

検印省略　Printed in JAPAN
ISBN978-4-87798-850-0　C0036

◎乱丁本・落丁本はお取り換えいたします。

非行少年の被害に向き合おう！

被害者としての非行少年

岡田行雄 編著

非行少年に関わってきた専門家が、非行少年に積み重ねられる被害にスポットライトを当て、救済と支援のための実践および法的必要性を提言する。

ISBN978-4-87798-838-8

A5判／276頁　定価2,700円＋税

少年事件加害者家族支援の理論と実践

家族の回復と少年の更生に向けて

阿部恭子 編著

「少年事件の加害者家族」に焦点を当て、少年事件の保護者への支援の意義について、刑事法学者および少年事件に携わる実務家によって理論を構築し、具体的な支援について、多数の事例をもとに法的支援、社会的支援、心理的支援のあり方を考える。

ISBN978-4-87798-760-2

A5判／200頁　定価2,700円＋税